JN199840

田村敏雄伝

小林英夫

教育評論社

1932 年 7 月 12 日、大蔵省満州国派遣団渡満時の東京駅での様子。 左から、
田村敏雄、星野直樹団長、田中恭、古海忠之、永井哲夫（古海建一氏提供）

進路　昭和38年8月号

田村敏雄　追悼特集号

宏池会代表・進路主幹

昭和38年8月5日急性腎炎にて逝去されました。
本号を追悼特集とし故人の冥福を祈ります。

宏池会

『進路』「田村敏雄　追悼特集号」（第10巻7号、1963年9月）に掲載された田村敏雄（国立国会図書館所蔵）

田村敏雄伝◎目次

装丁・クリエイティブ・コンセプト

【凡例】

・満洲、満洲国にはカッコをつけず当時の呼称としています。
・年号の表記は西暦を原則とし適宜和暦で補っています。
・資料の引用については原則として現代仮名遣いとし、常用漢字は新字体にしています。
・必要に応じ振り仮名を付しました。
・敬称は略させていただきました。

田村敏雄伝

プロローグ

はじめに

　本書は、池田勇人《いけだはやと》を総理（第五八～六〇代）に送り出し、現在（二〇一八年）、岸田文雄《きしだふみお》率いる岸田派として自由民主党の有力派閥の一つを構成する宏池会《こうちかい》の初代事務局長の田村敏雄《たむらとしお》の伝記である。この派閥は、かつては池田勇人を筆頭に大平正芳《おおひらまさよし》（第六八、六九代）、鈴木善幸《すずきぜんこう》（第七〇代）、宮澤喜一《みやざわきいち》（第七八代）といった総理大臣を生んだ名門派閥である。宏池会は、自民党のなかにあっては「政策集団」として知られ、知的雰囲気をもった面々で構成され、党内ではどちらかといえば「穏健派」「ハト派」としてその存在感をはなっていた。本書では、二〇一七（平成二九）年に六〇周年を迎えたこの派閥集団の歴史を発祥の段階までさかのぼってみることとしたい。

　宏池会は池田勇人を中心とした政治家たちによって作られた派閥集団であるが、その組織の中心にあって池田を支えた人物の一人が本書の主役である田村敏雄だった。現在では、彼の名を知るものは少ない。宏池会の関係者の間でも、名前は聞いたことがあると語る若手議員はいるが、その人物像を語れるものは皆無に近い。

しかし、田村敏雄に関する著作はおろか論文すらなきに等しい状況を考えれば、そうした若手議員が出てくるのもむべなるかな、という感がしないでもない。著者が、田村敏雄の自伝を手掛ける第一の理由は彼をして、それにふさわしい歴史的位置を与えたいという点にある。そして本書を書き始めるにあたって、どんな人物だったのか、を予備知識として、ごく簡単に述べておく理由もそこにある。

彼は京都の福地山にある山村に生まれ、苦学して東京帝国大学（東京大学）を卒業した。在学中に高級官僚の登竜門である高等文官試験（高文）を合格し、一九二五（大正一四）年に大学卒業と同時に大蔵省に入省した。同期には一九六〇（昭和三五）年に岸信介《きしのぶすけ》を継いで総理大臣となる池田勇人がいた。一九三二（昭和七）年三月に満洲国が建国されると大蔵省の筆頭若手官僚だった星野直樹《ほしのなおき》らと共に渡満、租税問題の専門官としてその建国の屋台骨作りに租税制度整備の面で活動し、その後は満洲産業資源開発の拠点である通化省の次長として鉄鉱資源開発を担当、折から進行していた満洲重工業化政策の中枢に位置する「満洲産業開発五箇年計画」を支え、続いて満洲国中堅官吏を養成するために設立された大同学院で教鞭をとり、多くの中堅官吏を育成するために力を注いだ。そして、一九四五（昭和二〇）年八月には浜江省《ひんこうしょう》の次長として北満の地ハルビン（哈爾浜）で敗戦を迎えた。

敗戦後はソ連に抑留され、中央アジアの捕虜収容所をいくつも転々とした後、一九五〇（昭和二五）年にナホトカから帰還した。その間、収容所で強制労働を強いられていた頃にソ連のエージェント（スパイ）となることを強要され、帰国の一心から承諾した。帰国後の一九五二（昭和二七）年からソ連大使館の二等書記官だったラストボロフが田村に接触、情報活動を強要されるが五三年に関係を切る。

帰国後は、一九五二（昭和二七）年から五六年まで大蔵省関連団体の大蔵財務協会の理事長となるが、後に出版社の進路社を立ち上げ、一九五四（昭和二九）年五月から月刊誌『進路』の刊行を開始する。一九五七（昭和三二）年一〇月に吉田茂《よしだしげる》、石橋湛山《いしばしたんざん》、岸信介内閣で主要閣僚を務めた池田勇人を中心に自民党派閥組織の宏池会が結成されると、その初代事務局長に就任し、同時に『進路』は、宏池会の機関誌へと変身する。そして田村は、池田と共に日本の高度成長政策の具体化に着手し、岸政権時代のプランを継いで、「所得倍増計画」というキャッチフレーズで政策化し、それを推進することとなる。そして、その推進途上の一九六三（昭和三八）年に雄図半ばで死去する。

戦後の日本の高度成長政策の実現とその推進に様々な人物がかかわったことは間違いないが、田村敏雄はそのなかでも重要人物の一人だった。彼は、満洲国で高級官僚として満洲「工業化」と戦時高度成長政策に資源開発、人材開発の面から関与し、その経験を生かし戦後日本の高度成長の推進者たちを取りまとめるオルガナイザー（まとめ役）として宏池会の初代事務局長に就任し、池田を支えたがゆえに、池田が進めた高度成長政策は六〇年代にスムーズに展開されることとなる。

田村の生涯を見ると、改めて日本の高度成長は、実はその底流で深く満洲人脈とかかわり合っていたことが見えてくるのである。そこには、彼らが青壮年時代に抱いた満洲国への「見果てぬ夢」を戦後も追い続けた姿が浮かび上がってくる。彼らが抱いていたこの「夢」と「情熱」が、宏池会の初発の段階から渦巻いていたのである。

本書では、田村敏雄の誕生から死に至るまでの時期を追いながら、彼が、いかなる過程を経て、日本の高度成長推進の陰の演出者になっていったのか、その歩みを追ってみることとしたい。

貧弱な田村敏雄研究

初めに述べたように、田村敏雄といっても多くの読者はご存じないかもしれない。しかし、自民党の宏池会といえばご存知の方も多いであろう。一九五七（昭和三二）年一一月岸信介内閣の時の内閣改造で、当時大蔵大臣だった池田勇人は閣外に出るが、その時、将来の総理を目指す勉強会として出発したのが宏池会であり、その初代事務局長に就任したのが田村敏雄だった。

宏池会は、その後池田勇人に始まり前尾《まえお》繁三郎《しげさぶろう》、大平正芳、鈴木善幸、宮澤喜一と、前尾繁三郎を除くすべての同派閥の首領を総理に送りだす名門派閥であった。その後は、紆余曲折を経て二〇一八（平成三〇）年現在、岸田文雄が率いる「岸田派」に流れ込んでいる。この派の出発の課題は、戦後復興後の日本経済の成長策の立案にあった。そして、田村は、大蔵省同期の池田に請われて初代事務局長に就任する前後に機関誌『進路』を発行し仲間を募っていたが、そこの勉強会に大蔵官僚だった下村治などを巻き込んで、高度成長に関する研究会を組織した。池田内閣のキャッチフレーズの「所得倍増論」は、こうした集まりのなかから生み出されたものだという。本書の目的は、日本の高度成長の推進に大きな役割を演じた田村敏雄の生涯をたどってみようというものである。

しかし、これだけ重要な役割を演じた人物であるにもかかわらず、評伝一つないというのは不思議な限りである。歴史上の人物には、その立ち居振る舞い故に実力以上に評価されて様々な伝記や評伝に描かれる人物もいれば、その逆の人物も少なくない。田村の場合には、後者の事例に属するといえよう。

田村を扱った単著はない。田村を継いで宏池会事務局長の任にあった木村貢が『総理の品格』(徳間書店、二〇〇六年)において宏池会の歴史の「池田時代」を語るなかで、「土曜研究会」なる政策研究会の中心人物として田村敏雄にふれているが、同上書の目的が宏池会の流れをたどることにあるので、当然のことながら田村そのものに光をあてているわけではない。

田村を最も正確に位置づけた数少ない著作の一つは上久保敏『下村治「日本経済学」の実践者』(日本経済評論社、二〇〇八年)であろう。上久保は、丁寧に下村の理論形成過程を追いながら、政治家・池田と理論家・下村の間をつなぐものとして田村敏雄の役割を位置づけ、「下村と池田を取り持つ田村がいなければ、所得倍増政策が実現したかどうかわからない」(一二三頁)と述べている。本書の基本的視点も上久保と同じである。ただ、上久保の著作は、下村を対象としたものであるという制約から田村に関するこれ以上の言及はない。

その他、彼を研究した唯一といってもよい類書としては、沢木耕太郎『危機の宰相』(魁星出版、二〇〇六年、文春文庫、二〇〇八年)があり、そのなかに池田、下村と共に田村敏雄が登場するが、田村の満洲時代の体験と経験の戦後への継承を重視する本書の視点とは若干異なるし、彼が満洲時代の経験ゆえに、池田が総理の時代にその高度成長の演出者として活動することが可能となったという本書の視点とも結び合わない。

池田勇人の秘書だった伊藤昌哉《いとうまさや》の『池田勇人　その生と死』(至誠堂、一九六六年)、『実録　自民党戦国史』(朝日ソノラマ、一九八二年)でも田村に関して論じた箇所はほとんどない。『実録　自民党戦国史』は、池田の死後の話が中心だから出てこないのはやむを得ないとしても、『池田勇人　その生と死』では「所得倍増計画の発想」という一項が設けられているが、そこでは池田の高度成長政策は、「財政家としての池田の勘と下村の理論とが、がっちりとからみあった」(六〇頁)結果だとしか述べていない。実は、池田の勘と下村の理論をつなげた男が田村なのである。

また、論文としては、犬田章「『所得倍増計画』陰の推進者　田村敏雄先生のことども」(『海外事情』二二巻九号、一九七四年九月)がある。田村が池田総理の所得倍増計画にどうかかわったかを中心に論じている。短い論文であり、しかも思い出の記でもあるので、犬田が田村と接した時期と課題に限定して論じているため、当然のことながら生い立ちから大蔵省入省以前の事柄や満洲での生活、シベリア抑留や宏池会結成までの経緯などはここでは論じられてはいない。

シベリア抑留と帰国後のソ連エージェントとしての活動に関しては、富田武『シベリア抑留者たちの戦後　冷戦下の世論と運動　1945―56年』（人文書院、二〇一三年）が彼の活動概況を記述している。また、田村のシベリア抑留から帰国後のソ連のエージェントとしての活動とラストボロフ事件とのかかわり合いに関しては、三好徹『小説ラストボロフ事件』（講談社、一九七一年）がある。タイトルでは「小説」と銘打っているが、筆者自身が「あとがき」で「小説よりも、むしろノンフィクション」と記しているように、ここに登場するソ連スパイの「コードネーム」「フジ」とは田村のことであり、若干の誤りがあるとはいえ（たとえば田村を京大卒と書いているが東大卒である）、大筋では三好の記述に間違いはない。

かようなわけで、田村の場合、評伝がないだけではない。その履歴や略歴が不正確だったり、あったとしても明らかな誤記が少なくない。大蔵省の主要官僚の履歴をまとめた大蔵省百年史編纂室編『大蔵省人名録　明治・大正・昭和』（大蔵財務協会、一九七三年）には、大蔵省の歴代大臣、次官、局長クラスの略歴が紹介されているが、そこの田村敏雄の表記を紹介すると以下のようになっている。

田村敏雄［京都］明治二九・五・一三～昭和三八・八・五
（略）大一一・一一高等試験行政科試験合格　一四・三東京帝国大学経済学部経済学科卒　一四・四大蔵属・理財局　一四・一二専売局書記兼大蔵属・専売局長官官房　一五・四大蔵属・預金部兼理財局　昭二・七司税官・山形税務署長　四・八仙台税務署長　七・七辞職　七・八満洲国財務部事務官・税務司国税科長（略）一九・四浜江省次長　二〇・八帰国　二五・三大蔵財務協会（略）二七・七同理事長　二九・二辞職（同上書、一〇二頁）

田村が長年勤めた大蔵省の『大蔵省人名録　明治・大正・昭和』というこの本でさえ誤記がある。田村は、一九四五（昭和二〇）年八月帰国とあるが、これは間違いで、彼はシベリアに抑留され、五〇年一月に高砂丸で帰国している。また一九五〇（昭和二五）年三月大蔵財務協会に職を得たように記述しているが、五二年七月の誤りということになる。

そして、この本では「二九・二辞職」で、田村の記述は終わっている。たしかに、大蔵省と関連がなくなった後のことが記述されていないのは、大蔵省の人名録というこの本の性格上、ある意味で当然だが、彼はその後一九五七（昭和三二）年一一月に池田勇人を囲む勉強会である宏池会の初代事務局長に就任する。そして月刊誌『進路』を池田の政策発表誌とし、池田内閣の「所得倍増論」に象徴される高度成長を演出し、一九六三（昭和三八）年八月に死去しているのである。したがって、日本の高度成長の歴史を考えるとき、欠かすことができない人物の一人なのである。

第一章　少年時代

夜久野への旅

　田村敏雄は、京都府福知山市の夜久野《やくの》（旧夜久野町）に生まれた。現在、東京から、彼の故郷、京都と兵庫の県境にあるその地を訪ねるには、まず新幹線で東京を発って京都まで行き、そこから山陰線の急行で福知山駅まで行く。さらに福知山駅で在来線に乗り換えて上野久野駅まで行くと、乗り換えの時間まで入れると東京から約五時間はかかる。東京駅から京都駅まで新幹線で約二時間半、さらに、兵庫県との県境とはいえ同じ府内にもかかわらず上夜久野駅まで約二時間ほどだ。新幹線と比べ在来線がいかに冷遇された乗り物であるかを体験できる旅である。

　外の景色は、福知山を出ると田園風景がぐっと広がり、列車は山間を縫うようにして進む。無人駅が連なるなかで、運転手兼車掌のワンマン列車は出口が運転手のいる前方だけにあり、そこに切符を置いていくシステムになっている。こんな山里離れた田舎に行くとき も、私は何組かの台湾からの旅行客と席を同じくした。京都観光から足を延ばして京都郊外の地を旅しているのだという。台湾にいても様々な旅行情報がインターネットでキャッチできる今日では、いとも簡単にこうした地方の旅情報も入手できるのだろう。そして、彼等は、誰にガイドされることもなく、彼らだけで自由に異国の地の観光を楽しんでいるのだ。

私が二〇一四（平成二六）年一一月にここを最初に訪れた時は、着いたのが夜の一〇時で、冬の日はとっぷりと暮れていた。山陰線の他の駅同様にここも無人駅で、駅前には店らしい店はない。こんなさびれた上野久野駅から車でとりあえず宿へと向かう。

夜久野へ着いた翌朝、さっそく車を駆って同じ福知山市の直見才谷へ向かう。上夜久野駅から車で直見川沿いの国道六三号線を北に向かうこと約二〇分、才谷の集落に着く。山間の集落は典型的な山村で、他の日本の農村部の村落同様に絵に描いたような過疎地帯でもある。この道をさらに進んで丹後山地を抜ければ酒呑童子伝説で名高い大江山《おおえやま》を右に見て日本海の港町宮津《みやづ》、舞鶴《まいづる》に達する。昼間畑仕事をしているのは老人ばかりで若者は一人も見えない。傾斜地の畑の周りにネットが掛けられているのは、イノシシやシカから畑を守るためだとバスの運転手から聞かされた。私がこんな奥深い山間の村を訪ねたのは、そこに本書の主人公である田村敏雄の甥にあたる田村秋夫《たむらあきお》さん（取材時、六八歳）が住んでいるからである。

田村家

「江戸時代から明治の初めにかけては、田村家はこの辺一帯の土地や山林をもっていた大百姓でした」、とは田村さんの弁である。当時の田村家の当主の田村清左衛門《たむらせいざえもん》は、一八二七（文政一〇）年の生まれで、農業に精を出し、なかなかのやり手で頭もよく、田地や山林を次々と買い増していったという。当時は、炭焼きや木材販売、養蚕や山菜採りといった産業も盛んで、山林地主もけっこうな実入りになったといわれているから、田村家もそうした事業に手を出して蓄財を重ねたものと想像される。

今でも田村秋夫さんの家の裏山には清左衛門夫妻の墓石が残されている。清左衛門の苔むした墓石は己の地所を監視するかのように眼下に広がる平野を見下ろしている。

清左衛門の墓のすぐ下に、これまたその下に広がる田畑を監視するかのように広場が広がっているが、今はさら地になっている。そこは屋敷跡で、長男の田村勇蔵《たむらゆうぞう》とその息子で本書の主人公の田村敏雄が住んでいた。母屋を中心に蔵が二つ備わる広さで、相当な屋敷だったことを彷彿とさせる趣がある。田村勇蔵は一八六六（慶應二）年に清左衛門の長男としてこの地で生まれている。彼は、一九三八（昭和一三）年に亡くなるが、この間さしたる仕事もせず、酒をこよなく愛し、書物を読む読書家で、祖先伝来の田地田畑を切り売りしながら生活していたという。明治から大正、昭和の激動の時代を生き抜くには、彼には親が勇気をもつ男に育てという願いを込めて名付けた勇蔵という名にふさわしいパワーは、残念ながらもち合わせていなかったのであろう。

才谷の田園風景（著者撮影）

家が傾きかけ始めた一八九六（明治二九）年に田村敏雄は誕生している。母さとは、山を越えた兵庫県豊岡市但東町《たんとうちょう》東里《とうり》の農家大橋藤五郎の長女で、夫とは正反対で、意思強じんで粘り強い性格をもっていたという。大橋の家も田村家同様に最盛期には村の土地の三分の一を所有する地主で、農業の傍ら養蚕や炭焼きを副業にしていたという（大橋正規氏談、兵庫県西宮市在住）。田村敏雄は、父親の勉強好きと母親の粘り強さを受け継いでこの世に出てきたようだ。

ところで、田村敏雄が生まれた一八九六（明治二九）年といえば日清戦争の下関講和条約締結の翌年であり、日本全体が大きく東アジアに飛躍する時期に該当する。当時の夜久野は、山間の農業地帯で、農林業で生計を立てている農家が大半だった。

一八七三（明治六）年夜久野に近い旧雲原村《くもはらむら》（現在は福知山市に編入）に生まれ、政治家・実業家として名を成し、一八年に時の中国の段祺瑞《だんきずい》内閣への西原借款で有名となった人物に西原亀三《にしはらかめぞう》がいる。彼は、幼少の折の福知山周辺の状況を自叙伝『夢の七十余年』（村島渚編、一九四九年、引用は平凡社〈北村敬直編〉、一九六五年）のなかで次のように回想しているが、西原亀三から二〇余年遅れて同地に生まれた田村敏雄の村の風景もそれと似たものだったのだろう。

西原は、「山国の代名詞のようになっている丹波の奥のつまり、山高くして谷深く、丹波と但馬とに抱き込まれて、ちょうどすりばちの底のようになったところに、戸数百六十戸の小さいわが雲原村がある」としたうえで、「村の人たちはこれらの田畑をていねいに耕作して米麦を作り、山根・谷くぼ・川のほとり、いやしくも利用し得る土地は寸土をあまさず丹念に開墾して段々畑とし、空地には柿を植え桑・楮《こうぞ》〈和紙の原料〉を作り、山の上には焼畑をつくって蕎麦や小豆を収穫する」と記し、「昔は宮津藩に属し、千俵の年貢米が与謝峠《よさとうげ》を越さねば正月ができなかったといわれたもので、その残り米に雑穀を合わせて、昔も今も住民の食糧は大体自給自足されて多少は余る。明治中葉の頃までは製糸が盛んで、これを営むものが五十戸を超えていた。水質が良いため糸がわくに固着せず、いろつやも美しく解けもよいので、丹後ちりめんの本場加悦《かや》地方で一割高で買われ、雲原糸の声価は高かった。林産物は持出しの便利がわるいために、炭にして出すほかは多少の板が牛の背で運びだされていたくらいのもので、薪として売ったのでは引き合わなかった。そのほか渋柿を多く作り、これを串柿にして売るのがなかなかばかにならぬ収入をあげた。山には栗が多く、山芋でねった蕎麦のうまいのもここの自慢である」（前掲『夢の七十余年』、

西原亀三（『夢の七十余年』平凡社、1965年、国立国会図書館所蔵）

三〜四頁）と郷土福知山周辺を紹介していた。

田村の家もそうした農家の一つだったのだろう。しかしこの地域にも明治の近代化の波が押し寄せる。直見村に郵便局が開設されたのが一八八二（明治一五）年、上夜久野に巡査駐在所ができたのが八九年、額田に電信局ができたのが一九〇四（明治三七）年のことである。東京からの軍の指令がこの新設された電報局に届き、ここから夜久野の集落に日露戦争の召集令状である通称「赤紙」が送付された。この山深い集落にも次第に明治の近代化の波が押し寄せてきていたことがわかる。山陰線が開通し、上夜久野、下夜久野の駅が設置されたのが一九一一（明治四四）年のことであった（『夜久野町史』第四巻、福知山市、二〇一三年、七三六頁以下）。

小学校入学

一九〇二（明治三五）年に田村は尋常小学校に入学する。日英同盟が締結された年であり、日露関係は風雲急を告げていた。一九〇四（明治三七）年に日露戦争が勃発するが、その時田村は八歳である。多感な少年期が日露戦後に該当するわけで、いやがうえにも彼が強いナショナリズムの波に洗われたとしても不思議ではない。

一八八四（明治一七）年に大阪で編成され、九八年に福知山に移駐することになる「歩兵第二十連隊」は、九四年に勃発した日清戦争に出征するが、この時は、大連湾に集結中に終戦を迎え、その後は占領地の守備を担当した。いわば、戦後処理部隊で激戦は経験しておらず、したがって犠牲者は少なかった。ところが、その一〇年後の一九〇四（明治三七）年二月に勃発した日露戦争時には、福知山の第二十連隊にも五月に動員令が発せられ、住民の歓呼の声に送られて神戸まで行軍し、その後、遼東《りょうとう》半島へと向かっている。第二十連隊は、日露戦争では激戦地を転戦、八月の遼陽会戦には第十師団の一翼を形成して参戦している。田村の同郷である夜久野出身だった衣川菊蔵一等卒は、この戦闘に参加している。会戦前夜戦場にあって繭の出来や繭の値段に気をもみ、「繭の収量も上々、値もよろしい」という故郷からの便りを懐中に激戦のなかで「それを聞いて安心した」という故郷への返

旧日本陸軍第二十連隊跡地（著者撮影）

事を最後に戦死している。この戦闘では、連隊長の桂真澄中佐が戦死、多くの将兵が戦傷死する損害を経験した（福知山市史編さん委員会『福知山市史』第四巻、一九九六年、三九五〜三九六頁）。続く奉天《ほうてん》（現瀋陽《しんよう》）の会戦でも天王山と称された万宝山《まんぽうざん》の正面攻撃を担当した第二十連隊は、多くの損害を出しながらもロシア軍の全面退却を生み出す原動力をなした。日露戦争を通じて歩兵第二十連隊が払った犠牲は「戦死者七九六名、戦傷者一五八九名、計二三八五名」を数えた（同上書、四一一頁）。

こんななかで、田村敏雄も小学生として出征兵士を見送ったに相違ない。そして一九〇五（明治三八）年三月には上夜久野村の精華尋常高等小学校では「日露開戦記念林造成」が行われた（前掲『夜久野町史』第四巻、八〇三頁）とあるから、田村もそれに参加したのであろう。駐屯地第二十連隊跡地は、現在は陸上自衛隊第七普通科連隊福地山駐屯地となっている。駐屯地正門右横には「歩兵第二十聯隊之跡」なる石碑と昭和四一（一九六六）年に「歩兵第二十聯隊記念碑建設委員会」が建てた同連隊の戦績を記録した碑文がある。同連隊の敷地内の史料館には、当時の兵器や軍服、戦闘記録などが展示されている。

苦学して専検合格

田村は、一九〇二（明治三五）年に六歳で精華尋常高等小学校に入学、直見分校（後に第一分校）へ通い始めた。田村は、ここで尋常小学校の四年間と高等科の二年間（在籍中に四年に延長される）、合計八年間、一九一〇（明治四三）年、一四歳になるまでを過ごしている。田村が入学した一九〇二（明治三五）年にそれまでの上夜久野尋常小学校に高等科が設置され、校名も精華尋常高等小学校と改称されたのである。田村は、新たに生まれた精華尋常高等小学校の第一期生ということになる。田村が通った直見分校は現存していない。「精華小学校　第一分校跡」と記した石碑と、その校舎の一部が民家として現在使われているだけである。

田村が通った小学校の跡に建つ石碑（著者撮影）

田村が在籍していた一九〇二（明治三五）年から一〇年までの間での最大の出来事は日露戦争の勃発であり、日本の勝利であった。学校の企画で「日露開戦記念林造成」が行われたことは前述したが、戦争の勝利とその後の朝鮮半島への日本勢力拡大の動きは、日本海に面した舞鶴、敦賀といった朝鮮に近い港町からさほど遠くないこの福知山の地にも伝えられたに相違ない。特に一九〇四（明治三七）年九月には松山、丸亀、姫路に次いで福知山の第二十連隊敷地内にもロシア兵俘虜収容所が設けられていたから、日露戦争の雰囲気は、戦後に至るまで、他地域以上に濃厚なものがあったに相違ない（前掲『福知山市史』第四巻、四一一〜四一八頁）。

田村が尋常高等小学校に在籍していた一九〇七（明治四〇）年に学校制度が変更となり、義務教育期間が四年から六年に延長されている。したがって、この年から高等小学校が二年追加されるので一九一〇（明治四三）年に精華尋常高等小学校を卒業したことになる。その後田村は中学に行くことなく一九一五（大正四）年に京都府師範学校第二部に入学するまでの五年間は代用教員や百姓仕事をしながら、独学で専門学校入学者検定試験（専検と呼ばれ、旧制中学卒業と同等の資格とされた）に挑戦する。この試験は、「ラクダが針の穴を通るより難しい」と称されていたように難関ではあったが、田村は五年かけ、代用教員の合間に時間を見つけて受験勉強に励み、一九一五（大正四）年、一九歳で見事この難関を突破したのである。

この検定試験は、中学校卒業と同等程度の学力を有すると認定するもので、一九〇三（明治三六）年から行われ、二四年にはそれまでの入試制度が変更され、科目合格制度が導入されて受験者が増加するが、田村が受けた一九一五（大正四）年時点では一発勝負の入試であった。受験科目は男子は修身、国語、漢文、地理、歴史、数学、物理、化学、博物、英語、図画、体操まで全部で一二科目であった（菅原亮芳『受験・進学・学校』岳文社、二〇〇八年）。乏しい記録のなかで、一九一三（大正二）年から二〇年まで福岡県と佐賀県の受験者・合格者を見てみると、福岡県ではこの間六年間で九三名中合格者はわずかに七名、合格率七・五％に過ぎず、同時期の佐賀県では八年間に四七名中六名、一二・八％に過ぎなかった（菅原亮芳「戦前日本における『専検』試験検定制度史試論」『立教大学教育学科研究年報』第三三号、一九八九年一二月、三九頁）。田村と同世代でこの専検で中学卒業資格を取った人物に評論家の大宅《おおや》壮一《そういち》がいる。中学を自主退学した彼は一九一九（大正八）年に専検を受け、一〇〇名近い受験者のなかでただ一人合格している（前掲『受験・進学・学校』）。

かようなわけで、田村敏雄は、尋常高等小学校時代は成績が非常に優秀だったという。家に残されていた田村敏雄の小学生の頃の作文を読んだ甥の田村秋夫さんは、「きれいな字で、とてもしっかりした内容でした」とその印象を語っている。後日、田村は月刊誌『進路』を出版していたが、発刊当初は毎号のように随筆を書いて、文才があるという片鱗を我々に見せてくれるが、おそらく幼少期の訓練がそうした才能を花開かせたのではないか。

山路吉兵衛との出会い

前述したように、田村は、尋常高等小学校卒業後に中学への進学を希望したであろうが、家運が傾きかけていた田村家にとって、それは財力的に望み得べくもない道だった。したがって、彼は、尋常高等小学校卒業後五年間は実家で農作業をしたり代用教員などをする傍ら勉学に励む生活を余儀なくされた。

この空白の間を支えてくれたのが、当時、精華尋常高等小学校時代の訓導《くんどう》（教師）だった山路吉兵衛《やまじきちべえ》だった。山路は三重県多気郡《たきぐん》に一八八六（明治一九）年に生まれている。一九〇一（明治三四）年地元の尋常高等小学校を卒業後、〇四年京都府師範学校に入学、そこを〇八年に卒業、教員免許を取得して、田村が在籍していた精華尋常高等小学校に赴任している。山路吉兵衛は、この学校で一九一四（大正三）まで務めた後、京都府内の別の尋常小学校に転勤となるが、それまでの六年間をこの精華尋常高等小学校で教育にあたっていた。田村が一九〇二（明治三五）年から一〇年まで過ごしたわけだから、そこで二人は師弟関係だったということになる。そして一九一五（大正四）年に田村は専検を合格して山路吉兵衛が卒業したのと同じ京都府師範学校に入学するが、その進路を決めるにあたって山路吉兵衛の影響が大きかったに相違ない。山路吉兵衛の長男富士夫が記述した「弟阿蘇男を偲ぶ」のなかで、「・・・・昭和十一（一九三六）年三月卒業したが（自分は）おもわしい就職先もなく、意を決して渡満した。親父が京都師範学校を卒業して赴任した先で、京都府下天田郡上夜久野村字直見出身の田村敏雄さんと師弟関係にあり、当時満洲国新京で活躍された同氏を頼っての就職であった」（吉兵衛氏の息子山路峯男氏、二〇一四年一一月五日の書簡より）とあるから、山路と田村の関係は、生涯にわたって長く継続したものであったと思われる。

少年期

　少年期の田村敏雄はどんな少年だったのか。家は貧しかったが、成績優秀な生徒だったことは間違いあるまい。それは甥の秋夫さんの証言でも裏付けられる。後に田村は、東京帝国大学を卒業後に大蔵省官吏を経て満洲国高級官吏として活躍するまで、尋常高等小学校時代の恩師山路吉兵衛との交際関係が継続したことを見れば、山路は田村の才能を十分に認めたうえでその将来に期待をかけたであろうし、田村は田村で貧困さゆえに勉学の機会が途絶えがちな自分の少年時代に何かと面倒を見てくれた山路に感謝の気持ちをもち続けたであろうことは疑いない。

とりわけ、山路が田村に与えた影響は、教育問題の重要性とそれへの興味であったと思われる。田村は、その後教師を目指して京都府師範学校、さらには高等師範学校へと進むが、その進路を決定するにあたって山路が与えた影響は大きかったと思われる。無論、貧しかった田村家にとって学費が極端に安い師範学校への進学は、高等教育を受ける数少ないチャンスであったことは間違いないが、同じ官費で教育が受けられるとしても、幼年学校から士官学校へという軍人の道ではなく、師範学校から教員の道を選んだ大きな理由としては山路の影響があったものと思われる。さらに田村は、後に満洲国官吏として活動するなかでも満洲国の官吏養成機関の大同学院で教授を務め、教育関係の著作を出版するように、後々まで教育問題には強い関心を寄せていた。それだけではなく、戦後『進路』なる月刊誌を発刊するが、この誌面も教育的色彩が強く、かつこの雑誌の目的も、総理となる池田勇人を教育する機関誌といった色彩が強かった。こうした田村の活動の原点は、そうした少年時代の山路の影響が根底にあったように思われる。

第二章　東京帝大へ

教師への道

専検に合格した田村敏雄が京都府師範学校第二部に入学したのは、一九一五（大正四）年のことだった。ちょうど大戦景気が徐々に日本にも影響を与え始める時期である。彼は、第二部であったため一年で京都府師範学校を卒業している。

『京都教育大学百二十年史』によれば、京都府師範学校が設立されたのは一八七六（明治九）年で七八年に第一回卒業生を出している教育界の名門で、現在の京都教育大学の前身である。この京都府師範学校に新制度として第二部が併設されたのは、一九〇八（明治四一）年のことであった。一九〇七（明治四〇）年に小学校令が改正され、翌年より小学校の義務教育年限が四年から六年に変更されるのに伴い、教員が不足する事態が生じ、優秀な教師を早急に育成する必要性が生まれ、第二部が新設されたのである。第二部というのは、中学校もしくは高等女学校卒業者を入学させて、一年の教授訓練を受講させて正教員を養成するもので、入学資格は、中学校卒業か一七歳以上でそれと同等の学力を有するものとなっていた。授業費は年額二二円とし、全寮制で、卒業後は二年の奉職義務があった。

田村は、この京都府師範学校へ一九一五（大正四）年に入学したのである。二部が発足したのが一九〇八（明治四一）年、開始五年後の一三年にその総括と評価がなされているが、「第一部生と同じ寄宿舎に収容し後半年には第四学年生同様に役員を命じ居れり　第一部生との折合いは至極円満にして二部設置以来折合上につきて問題を惹起せしことなし」とし、音楽、図工以外では第一部と遜色なく、礼儀作法などは一部生より優るとしていた（前掲『京都教育大学百二十年史』第三章第二節）。速成コースではあるが、卒業生は一部生と遜色なし、と評価され問題なしというお墨付きを得たのである。

京都府師範学校卒業後の一九一六（大正五）年に田村は東京高等師範学校（東京教育大学を経て現筑波大学）へ入学、二〇年までそこで過ごしている。中等学校の教員養成機関として設立された高等師範は一九〇二（明治三五）年から東京高等師範学校と称され、二九年に東京文理科大学（後、東京教育大学に包括され廃止）附属となり、長く中等学校教員育成機関として重きをなした。

田村は文科乙組（修身・教育・法制）に入学、京都を離れ東京に出てくると、現在の文京区大塚にある東京キャンパスで四年間を過ごすこととなる。世は第一次世界大戦の好況期である。物価高に苦しみながらも、田村は大塚の桐花寮《とうかりょう》で四年間を過ごした。ここでも田村に関する情報は、さほど多くはない。しかし、第一次世界大戦が終了した後社会問題が噴出してきたこの時期に、田村の視点は教師志望から次第に社会問題へと視野が広がっていったと考えられる。

第一次世界大戦後の日本は、社会運動の幕開けの時期だった。一九一九（大正八）年四月には月刊誌『改造』が創刊され、労働争議特集を組むとたちまち売り切れて、その後の『改造』の名を不動なものにしていく。そして、一九二〇（大正九）年一月には東京帝国大学経済学部助教授の森戸《もりと》辰男《たつお》が『経済学研究』に「クロポトキンの社会思想の研究」を発表し、クロポトキンの思想を紹介したことで休職となる「森戸辰男筆禍事件」が発生している。森戸が取り上げたピョートル・クロポトキンとはロシアのアナーキズムの思想家である。

この時期、また、社会主義者の堺利彦《さかいとしひこ》が雑誌『新社会』を『社会主義』と改題して日本社会主義同盟の機関誌としている。二月には八幡製鉄所で一万数千人のストライキが起きている。三月には平塚《ひらつか》らいてう、市川房枝《いしかわふさえ》らが新婦人協会を結成、『女性同盟』を発刊している。加えて五月には日本初のメーデーが東京の上野公園で開かれている。社会問題が、多くの人々の関心を集め、「時の話題」となったのである。東京に出てきて数年の間に田村は、強烈な「時代の洗礼」を浴びて、教師志望をもちつつも、次第に社会問題へとひかれていったとしても不思議ではない。

高等師範時代の田村の姿を知る手掛かりは、一九二〇（大正九）年に起きた高等師範の大学昇格問題の時であろう。一九一九（大正八）年一一月に早稲田、慶応などの私学の大学昇格が発表されたが、その時、高等商業（後の一橋大学）、高等工業（東京工業大学）、高等師範の名前はなかった。これをきっかけに高等師範の大学昇格運動が盛り上がる。田村が三年生の時の出来事である。

田村と同学年の市村清次は、高等師範の同窓会組織である茗渓会『教育』（第四四三号、一九二〇年三月二〇日）に「陞格運動経過の報告」を寄せている。「師範入学志望者の激減、教育者の転職激増、悲しむべき教育界の現状に吾人の眼の盲ひた筈はない。加ふるに思想界の混沌物質勢力の圧迫、労働問題、普選問題と世界大戦がもたらした怒涛は大塚の学窓にも押寄せて我等をして徒に、痛ましき眼をあげてのみ観望するを許さなくなった」（三二頁）という切り出しに続けて「我等は如何になすべきか」と問い、「我等の学校を大学たらしめよ、教育者たらんとするものに修養の最高機関を与えよ」と叫び、一九一九（大正八）年一二月からの学生大会の模様を克明に記述している。嘉納治五郎《かのうじごろう》校長を巻き込んだ運動はマスコミの注視するところとなり、新聞雑誌紙上で賛否両論渦巻くなかで、教育界の重鎮で文部官僚、澤柳政太郎《さわやなぎまさたろう》の反対論まで飛び出すことになる。この運動は、大学昇格問題を今後も検討を続ける点の確認でひとまず終結するが、澤柳の見解に対して「学生大会の席上で本科三年田村敏雄の如き博士の説に冷静なる批判を加へて完膚なからしめた」（三六頁）とある。田村の冷静沈着、論理整然とした発言を連想させる一節である。教育者たるもの、高い教養を得るべしとするこの運動の神髄を田村は、大学進学、それも東京帝国大学進学という形で実現しようとしたのではないか。

同じ時期に高等師範に在籍した大和資雄は、一九二一（大正一〇）年に卒業すると「（大学）昇格は実現されそうになったが、待ちかねて私は東大の英文科を受験し、入学したら同じクラスに茗渓出が故高田力君、百瀬甫君、小川欽君と私と四人だった」（「『桐の葉』の歌」『茗渓』八五四号、一九六二年七月、一頁）と述べている。これから推察すると、田村もまた高等師範の昇格を待てずに東京帝国大学への進学を選択したのではないか。当時は東京帝国大学は高等学校からの推薦が中心だった。もっとも田村の場合は、一九二〇（大正九）年に高等師範を卒業するといったんは熊本県第二師範学校へ就職している（東京高等師範学校「校報」第三八八号、一九二〇年四月一〇日、五頁）。しかしそれもわずか一年間だけで、早くも翌二一年には、東京帝国大学へと進学するのである。

東京帝国大学入学

田村が東京帝国大学文学部社会学科に入学したのは一九二一（大正一〇）年で、ここで三年間を過ごして二四年に卒業した。当時の社会学科がどんなところであったかを田村自身は記録として残してはいない。しかし、当時田村と同時に東京帝国大学に入学した斎藤晌は、田村の葬儀の際の弔辞のなかで「毎日机を並べて講義を聴いた」（『進路』第一〇巻第七号、一九六三年九月、一三頁）と述べていたから、比較的真面目な学生生活を送ったものと思われる。

また、後に池田勇人の後を継いで宏池会の会長となった前尾繁三郎は、その弔辞のなかで、田村は「西原借款で有名な、郷里の先輩、西原亀三翁の家で家庭教師をしておられた」（同上誌、一二頁）、そして「家庭教師をして大学を出られた」（同上誌、一三頁）とあるから、同じ京都府の福知山出身の西原亀三家の支援を受けていたことがうかがえる。前述したように、一九二〇年代といえば、西原は、四〇歳台後半の働き盛りで、段祺瑞政権との間で西原借款と称された借款を結び中国政治に大きな発言権をもって田中義一を総理に担ぎ出す運動を展開する（山本四郎編『西原亀三日記』一九八三年、解題）など日本政界で活動してい た頃で、東京に屋敷を構え郷土の英雄として著名な存在だった。田村は、同郷人として書生として彼のもとに身を寄せていたわけである。

またこの間、一九二三（大正一二）年九月には関東大震災が東京を襲うが、東京で生活していた田村も震災そのものの衝撃と共に、震災の混乱のなかで起きた一連の事件の影響を受けた。この震災と関連してアナーキストの大杉栄《おおすぎさかえ》、内縁の妻とされる伊藤野枝《いとうのえ》、さらには甥の橘宗一《たちばなそういち》少年が、甘粕正彦が隊長を務める麹町憲兵分隊に扼殺《やくさつ》され、古井戸に投げ込まれるという「甘粕事件」が発生し、混乱のなかで共産主義者や朝鮮人の虐殺事件も発生している。田村は、この間の記録をほとんど残していない。しかし、この社会的混乱にどう対処すればいいのか、を苦悩していたのではないか。

田村より若干遅れるが、一九二八（昭和三）年から三一年まで同じ東京帝国大学社会学科に所属した社会学者の清水幾太郎《しみずいくたろう》が、その在籍談を語っているので、それを参考に当時の状況を見てみることとしよう。清水は、この在籍三年間「霧に包まれて」すごしたと回想している（大河内一男・清水幾太郎編『わが学生の頃』三芽書房、一九五七年）。しかし彼の読書遍歴を見ると、彼は、社会学科の学生だった頃を回想して、一年生の頃に「社会学の祖」と称されるオーギュスト・コントに接し、この学問に熱中し、卒業論文も「オーギュスト・コントに於ける三段階の法則」なるタイトルで四百字で二百枚位の卒論を書いたとしている（清水幾太郎『私の読書と人生』要書房、一九五一年）。

社会発展の法則性を把握したいという清水の青年らしい短兵急な探求心を先輩の田村も併せもっていたに相違ない。田村も社会学科に入学はしたものの清水以上に「霧に包まれて」先が判然としない生活を送ったことは、その学生生活から垣間見ることができる。東京帝国大学社会学研究室で田村は目立った活動はしていない。社会学研究室がほぼ毎月教授や著名人を招いて開いていた潜龍会という社会学の研究会に田村はほとんど出席していないのである。この潜龍会は、一九二四（大正一三）年に日本社会学会に発展的解消をとげるが、日本での社会学研究の中核的組織だった。

そこに田村の名前がでてくるのは一九二一（大正一〇）年一二月開催の第一六〇回例会からである。この時は建部遯吾《たけべとんご》教授の「潜龍会会員諸君に告ぐ」、本田喜代治《ほんだきよじ》の「犯罪の社会学的意義について」なる講義の後、討論が行われた。建部遯吾は東京帝国大学教授、社会学の草分けで、翌二二年には退官している、いわば社会学の大御所である。本田は一九二四（大正一三）年に『犯罪と刑罰』をテーマの卒業論文を仕上げてアカデミズムの仲間入りをし、戦後は名古屋大学文学部教授を務めている。いわば、新進気鋭の社会学者として社会学研究室で、卒論発表を兼ねた研究報告を行ったのであろう。その研究発表会の参加者のなかに田村の名前が記載されている。一九二二（大正一一）年では一月開催の第一六一回例会にも顔を出している。この時は新年会を兼ねて樋口艶之助《ひぐちえんのすけ》（陸軍）教授の「裏面より観たる西伯利亜《シベリア》」なる講演の後、討論が行われたが、田村の参加はこの二回だけで、後には田村の名前は出席者名簿にはない（『社会学研究室の一〇〇年』四二九〜四三〇頁）。

田村は、一九二〇年代の時代の息吹を大きく呑み込み、それを咀嚼しつつも、己が身の振り方を悩んでいたのではないか。それは田村が選択した卒業論文のテーマにもあらわれている。田村の卒論は「大土地所有と社会問題」だった。清水幾太郎の卒業論文「オーギュスト・コントに於ける三段階の法則」とは著しく異なる。清水は、学部時代は「霧に包まれて」すごした、といってはいても、清水の卒論の選び方はあくまで社会学の学術的枠のなかでの課題設定であるのに対して、田村のそれはその枠を越えている。田村の方が霧ははるかに深いことを連想させる。田村の卒論は残されていない（二〇一五年九月二五日に東大社会学研究室に確認）ので内容は推察するしかないが、当時の社会状況から判断すれば、頻発する小作争議に焦点をあてた農村問題研究だったに相違ない。

事実、日本での小作争議を見れば、一九二〇（大正九）年に四〇八件だった争議数は、翌二一年には一六八〇件へと一気に四・一倍へと増加し、二三年には一九一七件、二五年には二二〇六件へと増加する。しかも年と共に争議の中心は、不在村地主に対する村挙げての小作争議から在村地主に対する小作争議へと移り始め、件数の増加と共に争議は小粒化し、激烈化した（一九二〇年代史研究会編『一九二〇年代の日本資本主義』東京大学出版会、一九八三年、二八二〜二八四頁）。まさに「土地所有問題」が「社会問題化」していたのである。田村は、この社会事象をとらえて卒論の課題とした。彼の卒業論文が現存していない以上、その中身に関して詮索することはできないが、この「大土地所有と社会問題」を社会学的手法で解明したとは思えない。

田村の東京帝大時代の学友だった斎藤晌が、田村への弔辞のなかで、「私はあなたと同じ時期に東京帝国大学文学部にあって毎日机を並べて講義を聴いた。あなたは社会学を修め私は哲学を学んだ。同時に卒業の日を迎えると共に、あなたは改めて経済学部に移られ」（『進路』第一〇巻第七号、一九六三年九月、一三頁）た、とあるから、田村は、一九二四（大正一三）年に「大土地所有と社会問題」を書き上げた後、社会学に飽き足らぬものを感じて、さらにこの問題を深堀するために経済学部へと学士編入したのであろう。

もっとも、この課題を学問的にアカデミックに追及すようとしたようには思えない。なぜなら田村は、一九二二（大正一一）年に高等文官試験（高文）に合格し、官僚への道を歩むことを決めていたからである。彼は、「大土地所有と社会問題」を解きほぐす道を官僚の道のなかに求め、そこに進む準備の一環として、関連領域として経済学の分野に歩を進めたのである。

高等文官試験に合格

田村は、東京帝国大学社会学科在学中の一九二二（大正一一）年一一月に高文行政科の試験に合格している。『官僚の研究』（講談社、一九八三年）を著した秦郁彦は、「高文」を「日本の科挙」と称し、行政科合格者総計九五六五名中、東大出身は五九六九名で、全体の六二・四％を占めたと指摘している。しかもその大半は日本の官庁に就職し、幹部候補生として出世街道を進んで行ったという。むろんなかには病気や事故で涙をのんだものもいたであろうが、厳しい競争を勝ち抜いたものには大臣、国会議員のポストが待っていた。まさに「日本の科挙」そのものである。

東大卒が高文合格者の半数以上を占めるとはいえ、それは予備試験が免除されていたというだけで、試験そのものは学外の頭脳優秀な者に広く門戸を開放していたわけだから、立身出世を夢見た多くのものが受験した。高文や司法試験を受ける多くの受験生に愛読された雑誌『受験界』には、受験情報以外にそうした受験生の体験談が紹介されている。

実は、一九二二（大正一一）年に高文を合格した田村敏雄もこの『受験界』に「高等試験行政科受験記　一一年及第者　田村敏雄」と題する一文を寄稿している。「受験するならば一度で合格し度《た》いものであります」という書き出しで始まり、約一年で集中的に一日五時間をあてて勉学した。その際試験科目にない学科でも周辺領域は一通り勉強した。何故なら、行政科試験は、司法試験と違うから、問われるのは「行政に関する確認行為」であり「条文の細かな穿鑿《せんさく》はやらない様に常に大局へ大局へ」進むべしと、受験の勘どころをアドバイスしていた。さらに筆記試験は、「要領」よく、時間配分を上手に、口述試験では「試験委員に対して禮《れい》を失はない様に」（『受験界』第四巻第三号、一九二三年二月、五六〜五九頁）すべしと、なかなかきめ細かい。

彼の場合には、比較的淡々と入試準備を回想しているが、同じ一九二二（大正一一）年に高文を合格した野村義男の場合には、一九歳で逓信官吏練習所を出た後、七年がかりでやっと二六歳で合格したが、七、八月の二か月は朝の八時から夕方の五時まで汗だくで勉強し、そのため体重は一貫目（約三・七キログラム）やせ、試験には通ったが、精神的負担から共稼ぎの妻は「嫁して六個月で過労で死去した」と苦渋の告白をしている（『受験界』第四巻第一号、一九二三年一月、三七～四〇頁）。

　当時の高文の試験問題は、本試験では憲法、刑法、民法、行政法、経済学、国際公法が必修、行政学、商法、刑事訴訟法、民事訴訟法のなかから一科目選択となっていた（岡本真希子『植民地官僚の政治史』三元社、二〇〇八年、二三五頁）。試験は、四日間、七科目に及んだ。受験場には一〇〇人ずつほど収容され、出題を待つ。「開始の鐘と共に試験官が綱を切るとその時間丁度巻物のようにしてある問題を書いたのが、降りるのだ、そのときの光景は何とも云えないシーンだ」（奥村勝子『追憶奥村喜和男』一九七〇年、二三二頁）とは、田村より一年遅れて高文を合格した後の逓信官僚奥村喜和男《おくむらきわお》が郷里に送った手紙の一節である。

　一九二二（大正一一）年の高文行政科に合格した者は全部で二六二名。一九一〇年代は大体一〇〇から二〇〇人の間を上下していたのだが、一九二〇年代に入ると二〇〇人から三〇〇人台へと増加する。一九三〇年代は再び一〇〇から二〇〇人の間へと縮まり、一九四二（昭和一七）年から四三年にかけて一挙に四〇〇人から五〇〇人へと増加する。つまり、田村の時代は合格者が増加する時期に該当する。とはいっても、高文は、難関中の難関試験であったことに変わりはない。

一九二二（大正一一）年の高文行政科の合格者のなかで、東京帝国大学卒業者の数は一六八名で全体の六四・一％を占めていた。田村もその一人であったことはいうまでもない。高文卒業者で官庁に入省したものを見ると、第一位は内務省で九三名、第二位が大蔵省で二八名、第三位は鉄道省で二七名だった。第一位から第三位までの入省者のなかに占める東京帝国大学生の比率を見ると、内務省が七三・一％、大蔵省が八五・七％、鉄道省が七四・一％だったから上位三位のなかでは大蔵省入省者に占める東京帝国大学生の割合は大きかった（戦前期官僚制研究会編『戦前期日本官僚制の制度・組織・人事』東京大学出版会、一九八一年）。それだけ、東京帝国大生には大蔵省は人気が高かったといえるのだろう。田村は、なぜ大蔵省に入省したのかに関しても何ら記録は残していない。しかし、官僚システムの中枢に入ることで、学生時代から抱いていた「大土地所有と社会問題」、つまりは土地所有を根幹とする社会問題への解決策を探ろうとしたに違いない。

これら大蔵省入省組は合格した二八名全員だったわけではなく、一、二年のずれがあるが田村と同じ一九二二（大正一一）年高文合格組で、同期で大蔵省に入ったもののなかには、大蔵省から関東庁税務課長、そして満洲国財政部で田村と共に満洲国の税制改革に取り組む源田松三、大蔵省から田村と共に渡満し満洲国理財司長となった田中恭などがいた。

第三章　大蔵省へ

大蔵省入省

大蔵省へ入省したのは一九二五（大正一四）年のことだった。同期には後に総理大臣になる池田勇人や、その他錚錚《そうそう》たるメンバーがそろっていた。一九六三（昭和三八）年八月に執り行われた田村の葬儀に当時総理だった池田勇人は出席し、弔辞を読み上げたが、そのなかで「君とは大蔵省の採用が同期で山際君や植木君など多士済々な大正一四年組だった」（『進路』第一〇巻第七号、一九六三年九月）と述べていた。

池田がいう「大正一四年組」にはどんなメンバーがいたのか。同期の一人で、池田から「植木《うえき》君」と呼ばれた植木庚子郎《こうしろう》は、池田勇人への追悼文「若き日の新年会」のなかで、「君と私の交友は、大正十四年の春からはじまった。君は京大を、私は東大を卒業して、共に大蔵省へはいったときからである。当時のクラスメートは、故浜岡達郎、故水本高明、故毛里《もうり》英於菟《ひでおと》、故深沢家治、故宇川春景、故坂口芳久、故田村敏雄、山際正道《やまぎわまさみち》、杉山昌作、塚越虎男、小林末夫の諸君に、君と私を加えた十三人だった」（松浦周太郎『池田勇人先生を偲ぶ』一九六七年、二九頁）と述べている。この時、大蔵省に入省した一三人の同期生は、エリート候補としてそれぞれが己の道を歩んでいる。

入省後に皆は一斉に出世競争に飛び込んでいる。毛里英於菟は専売局から宇治山田、熊本、下京税務署の税務署長を経て一九三三（昭和八）年、満洲国国務院総務庁の事務官となっている。その後、対中政策の国家機関である興亜院を経て一九四一（昭和一六）年には企画院調査官として戦時経済統制の要の位置で活動していたが、戦後の一九四七（昭和二二）年に死去している。深沢家治は、入省後に英仏駐在を経て一九二九（昭和四）年に帰国後は沼津税務署、淀橋税務署の税務署長を務めた後、本省に戻り課長、部長を歴任した後一九四五（昭和二〇）年印刷局長を最後に退職している。宇川春景は入省後、英仏駐在から一九二九（昭和四）年帰国、その後水戸税務署、永代橋《えいたいばし》税務署の税務署長を経て三五年から三九年まで米国駐在、帰国後本庁の課長、局長を歴任、四四年の大阪地方専売局長を最後に退職している。坂口芳久は、入省後宇治山田税務署、奈良税務署、京橋税務署の税務署長を経て本省の課長、部長を歴任、一九四五（昭和二〇）年東京財務局長を最後に辞職している。そして戦後は日銀理事から中小企業金融公庫総裁を務めている。山際正道は、入省後は米国駐在になり一九二九（昭和四）年に帰国し、その後は高崎税務署、京橋税務署を経て本省の課長、局長に就任、四五年大蔵次官を最後に辞職している。そして戦後は日本輸出入銀行総裁から日銀総裁を務めている。杉山昌作は入省後専売局畑を歩み専売局長官で敗戦を迎えている。戦後は東北興行会社副総裁から一九五〇（昭和二五）年に参議院選挙で当選、議員を二期務めている。塚越虎男は入省後は大分税務署、長崎税務署、和歌山税務署、亀戸税務署の税務署長を経て本省へ戻り、本省の課長、局長を経て宮内省皇室経済主管で退任している。そして戦後は会計検査院長などを務めた。小林末夫は入省後は専売局畑を歩み大阪地方専売局長を最後に退官、戦後は民間に転じて事業活動を行った（前掲『大蔵省人名録　明治・大正・昭和』）。

彼等は皆一様に入省後、基礎訓練を受けた後、地方の税務署長に出るか、もしくは海外駐在を経験した後、地方の税務署長を経験し、すぐにその後本省へ戻り課長、部長を経て出世階段を昇っていったことがわかる。そして敗戦を前後して退官するものが大半だが、運のいいものは戦後も復活し、引き続き出世街道を歩み続ける者もいた。池田はその代表ともいえる人物だったが、同期の山際正道は、後に一九五六（昭和三一）年一一月から六四年一二月まで日銀総裁を務めるし、植木庚子郎は六〇年一二月の第二次池田内閣時と七〇年一月の第三次佐藤内閣時の法務大臣、七二年七月の第一次田中角栄《たなかかくえい》内閣時の大蔵大臣を歴任することとなる。

山形税務署長

田村敏雄は、一九二五（大正一四）年四月の入省後、どんな歩みをしたのか。田村はまず理財局に配属され、同年一二月に専売局にさらに一九二六年四月に預金部に移った後、二七年七月に山形税務署長に就任している。

大蔵省入省直後の一九二六（大正一五）年に田村は宮川久次郎の長女千枝子と結婚した。千枝子は一九〇七（明治四〇）年生まれで、二五年に東京女子高等師範学校（東京女高師、現お茶の水女子大学）付属高等女学校を卒業し、一年後に田村と結婚し新婚生活をスタートさせた。田村敏雄三一歳、千枝子一九歳であった。そして翌一九二六（大正一五）年には長女が、二九年には長男が生まれた。田村は、結婚後の翌一九二七（昭和二）年七月家族を引き連れて山形税務署に赴任することとなる。

もっとも田村の名前が山形税務署の『職員録』に所長として登場するのは翌二八（昭和

三）年一月だから着任は若干遅れたのかもしれない。部下は二八名だから県庁所在地の税務署ではあったが、さほど大きな規模ではなかった。

すでに紹介したように、当時の在籍中の高文合格者で大蔵省入省組の「エリート」は大抵入省数年で、各県の税務署長として本省からいったん外に出ている。つまりは、当時の税務署長というのは、大蔵省のキャリア組が一度は通らなければならないポストだったのである。同期の池田は一九二七（昭和二）年から二九年まで函館税務署長、二九年から休職する三一（昭和六）年まで宇都宮税務署長を務めている。植木もまた同時期に松本税務署長、岐阜税務署長を務めていた。戦後でも大蔵省のキャリア組は、入省後五年程度で本省の係長に到着した後地方の税務署長に出て、数年で本省課長補佐で戻るというのが一般的昇進経緯だったようだ（前掲『官僚の研究』二二九頁）。キャリア組でない税務職員は、定年間際になってやっと税務署長のポストに到達するが、高等文官試験の合格組は、二〇歳台にして税務署長のポストに就く。ここで一か所の税務署を二年ほどで務め上げながら、いくつかの税務署長ポストを歴任するなかで、官僚トップとしての能力を磨くと同時に、組織の指導者としての特性をもったものが、さらに選抜されて上のポストに進むこととなるのである。したがって、この段階で、田村は大蔵省のエリート街道を一歩一歩進んでいたことがわかる。

当時の山形税務署長の生活がどんなものであったか、について田村は何も残してはいない。しかし、ほぼ同時期に東京帝国大学法学部を卒業し、在学中に高文試験に合格し大蔵省入りした松隈秀雄《まつくまひでお》が『私の回想録』（平和厚生会、一九八二年）、内政史研究会『松隈秀雄氏談話速記録』（上）（第一回～第三回、一九七一年二月～三月）で当時の税務署長の生活を回顧しているので、それに代えて当時の税務署長の生活を紹介することとしたい。

まず、松隈秀雄の経歴を簡単に紹介しておこう。松隈の入省は一九二一（大正一〇）年で、入省年では田村よりは四年ほど先輩ということになる。入省後のコースを見ると、米国駐在を経て田村が入省した一九二五（大正一四）年に帰国、その後、宇都宮税務署、水道橋税務署、神田橋税務署の各署長を経て本省へ戻り、課長、部長、局長を歴任、大蔵次官、外資金庫理事長を経て、国策会社である東洋拓殖株式会社（東拓）副総裁で四五年に退官している。戦後は公職追放解除後に日本専売公社総裁を務めている。この経歴からわかるように田村の入省が松隈の米国留学からの帰国と重なっていることを考えれば、税務署長時代はほぼ同時か松隈が若干早かったとみて差し支えないであろう。

さて、その税務署長就任についてであるが、宇都宮税務署長に就任した松隈は「初めて

〝長〟とつくものになり、しかも本省を離れて独立部隊の〝長〟になったということで、私は緊張と誇りが錯綜した気持ちでありながら、勇躍して宇都宮市に赴任したのである」(前掲『私の回想録』四八頁)と記しているが、時期、赴任場所こそ若干違うとはいえ、山形税務署長に就任した田村もおそらく同じような気持であったに違いない。署長は官舎が用意されている場合もあるが、「そのころ、大蔵省関係では官舎は稀有の例とされていたし、況《いわん》や税務署長などに官舎がありようはずがなかった」(同上書、五四頁)と回想していることから判断すれば、山形に赴任した田村の場合も借家住まいだった可能性が高い。

新米署長には万事すべてに通じた庶務課長がついていてサポートしてくれるので、問題はなかった。月給は約一五〇円前後であるが、ボーナスが年二回で二か月分約三〇〇円支給されたというから、月に家賃を三〇円払ってもけっこう贅沢な生活ができたという。松隈の場合には、月給のうち家賃を除いて一日二円と見積もって月六〇円を細君に渡していたので、残り六〇円を小遣いに使うことができた。料亭の支払いが一回三円から五円だったので足りないときはボーナスでの清算が可能だったという。そのボーナスの三〇〇円だが、忘年会費用に七五円ほど出して署員二〇人ほどが飲み食いして楽しんでも十分お釣りがきたという(同上書、六四頁)。

職務関係で宴会が行われると偉い順に席が決まる。最上席は親補職の師団長が座り、以下裁判長、知事、検事正が続く。そして市長、郵便局長、郡長と座り、次に税務署長が座を占めた。いわば、その地方での著名人だったわけである。しかも二〇歳台の若さで地方の名士の体験をしたのである（同上書、六五頁）。

仙台税務署長

田村は、一九二九（昭和四）年八月からは仙台税務署長を務めている。先の松隈の記録から類推すると、仙台税務署長に補すという発令をもらうと、まず後任者に事務引継ぎをし、関係各処にあいさつ回りをした後、山形から仙台へと移り、前署長との引き継ぎ業務を行い、関係各処にあいさつ回りをして仙台税務署長としての活動を開始する、という段取りだったと想像される。仙台に転勤すると早速家探しを行い、生活を整えるということも山形税務署時代と変わらぬことだったと思われる。当時の仙台税務署は総員三三名で、山形税務署長時代と大きくは変わらないが、そのなかに四名の酒造技手が含まれていた点が違っていた（『職員録』）。当時は、酒税が税収の多くの部分を占めており、税務署の間税課が大きな比重を占めていた。松隈が最初に勤務した宇都宮税務署も酒税収入が大きかったというが、仙台税務署も似たようなものだった。前述したように仙台税務署には四名の技手がいて、醸造技術の向上やその鑑定の実地指導を行っていた。田村もそうした技手を連れて酒庫巡りをしたのであろう。田村は、仙台税務署長時代の記録を何ら残してはいない。ここでも重要な行事の一つが毎年三月下旬に行われる新酒の利き酒会で、これは税務署単位の酒造組合が催すのだが、会長は税務署長で、優等、一等といった賞状を渡すというのが恒例だった。また、これに備えて税務署長は管内の酒庫を回り、指導激励するというのが年中行事だった。税務署長が行くとなると特別待遇で、庫人一同が一列に並んで、手を膝まで下ろす最敬礼で迎えてくれたという。こんな経験をしながら田村も税務署長として次第にその地位にふさわしい風格を備えていったのであろう。

恐慌の嵐のなかで

田村が仙台税務署長を務めた一九二九（昭和四）年八月以降の東北地方は、金解禁から世界恐慌の嵐のなかで、不況の激流に突入する。最初に打撃を受けたのは、農村地帯といっても山間部に近い養蚕農業地域だった。養蚕地域は同年一〇月のウォール街での株暴落から始まるアメリカ経済の破綻と対米生糸輸出の激減のなかで壊滅的打撃を受けたからである。しかし、不況の影響はこれにとどまらなかった。一九三〇（昭和五）年になるとそれは平野部の米作農業地域に広がっていく。この年は豊作だったが、それゆえ米価が低落して農家経済を苦しめる結果となった。逆に翌一九三一（昭和六）年は未曽有の凶作で、米作地帯だった東北の農村は困窮の淵に叩き込まれた。東北や北海道では冷害と凶作で負債を抱えた貧農の農家の娘の身売りが急増し社会問題化した。この社会世相の悪化に軍部はその解決策を軍事独裁と満洲侵略に求めた。同年三月には陸軍の橋本欣五郎や民間の大川周明らが宇垣一成首班内閣の擁立を策してクーデター未遂事件を起こした（「三月事件」）。続いて一〇月には橋本らは荒木貞夫を擁して軍事独裁政権の樹立を図った（一〇月事件）。

これらの国内クーデターは、いずれも未遂の失敗に終わったが、関東軍の起こした一九三一（昭和六）年九月の満洲事変は、中国東北を戦火に巻き込む形で満洲国の誕生を生み出した。この満洲国の出現が田村敏雄の運命を大きく変えることとなるのだが、その点は次章で詳しく論ずることとしよう。

一九三二（昭和七）年になってもクーデターとテロの動きは収まらなかった。二月には若《わか》槻禮次郎《つきれいじろう》内閣（第二次）の時の蔵相井上準之助《いのうえじゅんのすけ》が、井上日昭《いのうえにっしょう》率いる血盟団に射殺される血盟団事件が発生し、三月には三井合名理事長の団琢磨《だんたくま》が同じ血盟団の菱沼五郎《ひしぬまごろう》に暗殺された。

そして五月には海軍青年将校らによる五・一五事件が発生し、首相の犬養毅《いぬかいつよし》が射殺された。国内はテロの混乱の一方で、中国の東北地方では、次章で述べる満洲事変とその後の満洲建国が次々と具体化されていった。

第四章　満洲国官吏として

満洲事変の勃発

一九三一（昭和六）年九月一八日突如満洲事変が勃発した。関東軍の第二師団と鉄道守備隊合わせて一万余の日本軍は、奉天軍閥が満鉄の鉄道線路を「爆破」したことを口実に北大営に攻撃をかけた。当時、奉天軍閥主力は張学良《ちょうがくりょう》に率いられて長城線以南に展開しており、東北には留守部隊が配置されていた。留守部隊とはいえ重火器を装備した一〇万余の軍勢が満洲に駐屯していたのである。関東軍は、二四センチ榴弾砲を分解してひそかに奉天に持ち込み、威嚇射撃と夜襲で北大営を攻略した。当時北京にあった張学良は、蔣介石《しょうかいせき》の指示もあり、彼自身も日本軍の挑発に乗らぬよう無抵抗を指示した。当初張学良は、日本軍が満洲全面占領作戦を展開するとは予想していなかったという（ＮＨＫ取材班・臼井勝美『張学良の昭和史最後の証言』角川書店、一九九一年、一二三〜一二四頁）。

以降、地図に見るように奉天から二一日には朝鮮軍の越境攻撃に呼応して早くも吉林《きつりん》を占領、二八日までには袁金鎧《えんきんがい》を奉天地方自治維持会会長に、熙洽《きこう》を吉林省長官に引き出して、彼らを使って奉天および吉林省の張学良からの独立を宣言させた。熙洽引き出しにあたっては、吉林に進駐した第二師団師団長や参謀長、そして関東軍参謀たちが「独立宣言か死か」と拳銃を突きつけて彼を脅迫したという（石射猪太郎『外交官の一生』読売新聞社、一九五〇年、一八七頁）。

さらに関東軍は、吉林省で抵抗する張作相《ちょうさくそう》系の軍閥軍隊（反吉林軍）を追撃しつつ、他方で洮南《とうなん》で、張学良から独立を宣言した張海鵬《ちょうかいほう》を使って黒龍江省の占領を狙い、早期の占領は無理だと判断すると、急きょ黒龍江省首席代表の馬占山《ばせんざん》と妥協し、北満の治安の安定を図り、返す刀で一九三二（昭和七）年一月には張学良の対満反抗拠点の錦州《きんしゅう》を占領したのである。同じころ戦火は上海へと拡大し、激しい戦闘は五月まで継続した。そんななかで各省の主要都市を占領した関東軍は同一九三二（昭和七）年二月以降は連日のように「新国家建設幕僚会議」を開催し、建国構想を具体化すると同時に、味方にし得る旧奉天軍閥領袖を担ぎ出し、清朝最後の皇帝溥儀《ふぎ》を「執政《しっせい》」という名でトップに据えて三二年三月満洲国の建国を内外に宣言したのである。

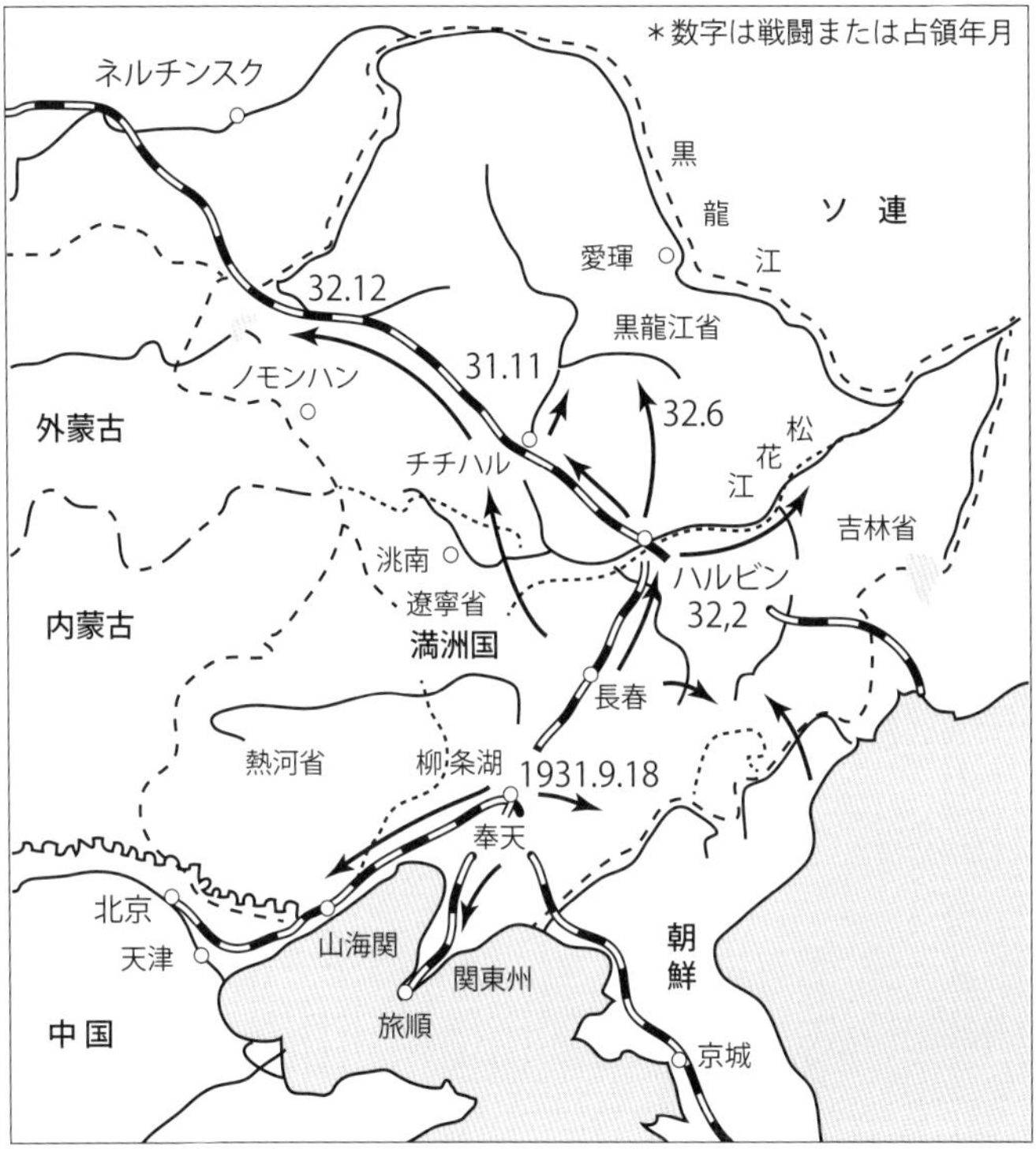

満洲事変関係図　（『〈満洲〉の歴史』〈講談社〉などをもとに作成）

満洲国の成立

満洲事変後、主要都市を占領した一九三二（昭和七）年以降、関東軍は次々と当初の占領計画に従って満洲国の国作りの骨格を整備していった。もっとも当初、関東軍参謀の石原莞爾は満洲直接占領構想をもっていたが、しかし事変直後「日本軍に真に協力する在満漢民族其の他を見、更にその政治能力を見るに於いて」（前掲『石原莞爾資料　国防論策』九一頁）早々に独立論へと転換するといった重大な変更も見られた。

宣統帝《せんとうてい》溥儀を「頭首」に据えて、国際連盟派遣のリットン調査団が調査報告書を作成する前の一九三二（昭和七）年三月に満洲国の樹立を内外に宣言したのである。こうして、「国首」は「執政」に、「国号」は「満洲国」に、「国旗」は黄色を旗地に左上の角を紅、青、白、黒の四色とした「新五色旗」に、年号は「大同」とした満洲国が誕生した。満洲国は、それまでの奉天軍閥時代の奉天、吉林、黒龍江三省の連合自治的性格の統治機構を払拭して図（六九頁）に見るように「執政」を頂点とし、参議府、立法院、国務院、監察院を軸とする強力な中央集権的機構を作り上げたのである。

しかし、それは表面上のことで、皇帝の諮問機関である参議府は形式的で、立法を担当する立法院は一度も開かれず、上意下達の協和会（満洲国唯一の公認政治団体）にとって代わられ、中心的行政機関だった国務院は日系官吏が実権をもつ組織と化し、監査を担当する中国の伝統的機関である監察院は旧老臣の集合場と化し、一九三六（昭和一一）年には廃止された。

　これらの機関のなかで唯一積極的に活動したのは国務院であったが、「初代国務総理」の鄭孝胥《ていこうじょ》は、溥儀をお飾りの皇帝と扱う関東軍のやり方と対立して帝政移行後の一九三五（昭和一〇）年五月に辞任、後を継いだ二代目の張景恵《ちょうけいけい》は、「好々《ハオハオ》おじさん」と称されたように関東軍の傀儡そのものとして立居振る舞った。結局、実権をもったのは、国務院の中核を占める総務庁だった。後述するように、ここに日系高級官吏が結集し、関東軍と一体となって満洲国の政治を指導した。

愛新覚羅溥儀。満州国皇帝「康徳帝」（毎日新聞社提供）

関東軍からの要請と選抜

　満洲国に大蔵省の秀俊を出してくれという関東軍からの要請があったのは一九三二（昭和七年）年六月のことだった。関東軍からの要請を受けて大蔵省内では早速人選が行われた。派遣要請は、全部で六名、派遣者の中心人物には当時大蔵省総務部国有財産課長だった星野直樹が選抜された。星野に一任された派遣者の選抜で指名されたのが大蔵省の営繕管理局総務部で星野のそばで働いていた田中恭、宇都宮税務署長で将来、関税課長間違いなしといわれた永井哲夫、星野の補助をしていた営繕管理局事務官の古海《ふるみ》忠之《ただゆき》、主税局事務官だった松田《まつだ》令輔《れいすけ》、岐阜税務署長だった阪田純雄、札幌税務監督局総務部長の寺崎英雄、そして仙台税務署長だった田村敏雄もこの一行に加わることとなった。大蔵省の将来を担う「エリートの卵」だった地方税務署長が多数選抜されたことは、彼らの多くが前途有望な若手官僚だったことを物語る。彼らのなかで田村を選抜した理由を星野は次のように述べていた。

「国税課《ママ》長としては、当時仙台の税務署長をしていた田村君（敏雄、後に満洲国民政部教育司長、浜江省次長、宏池会の中心、故人）を選んだ。田村君は高等師範から東大哲学科を出て、文官試験を通り大蔵省に入ってきた変り種。若い時には苦学した経験もあり、大蔵省の若い人たちの仲間では、視野が経験の範囲を超えている出色の人物」（星野直樹『見果てぬ夢』ダイヤモンド社、一九六三年、一二頁）だったからである。「若い時には苦学した経験」をもち、大蔵省の若手から「視野が経験の範囲を超えている出色の人物」と評されていたことは、こ

図　満洲国統治機構

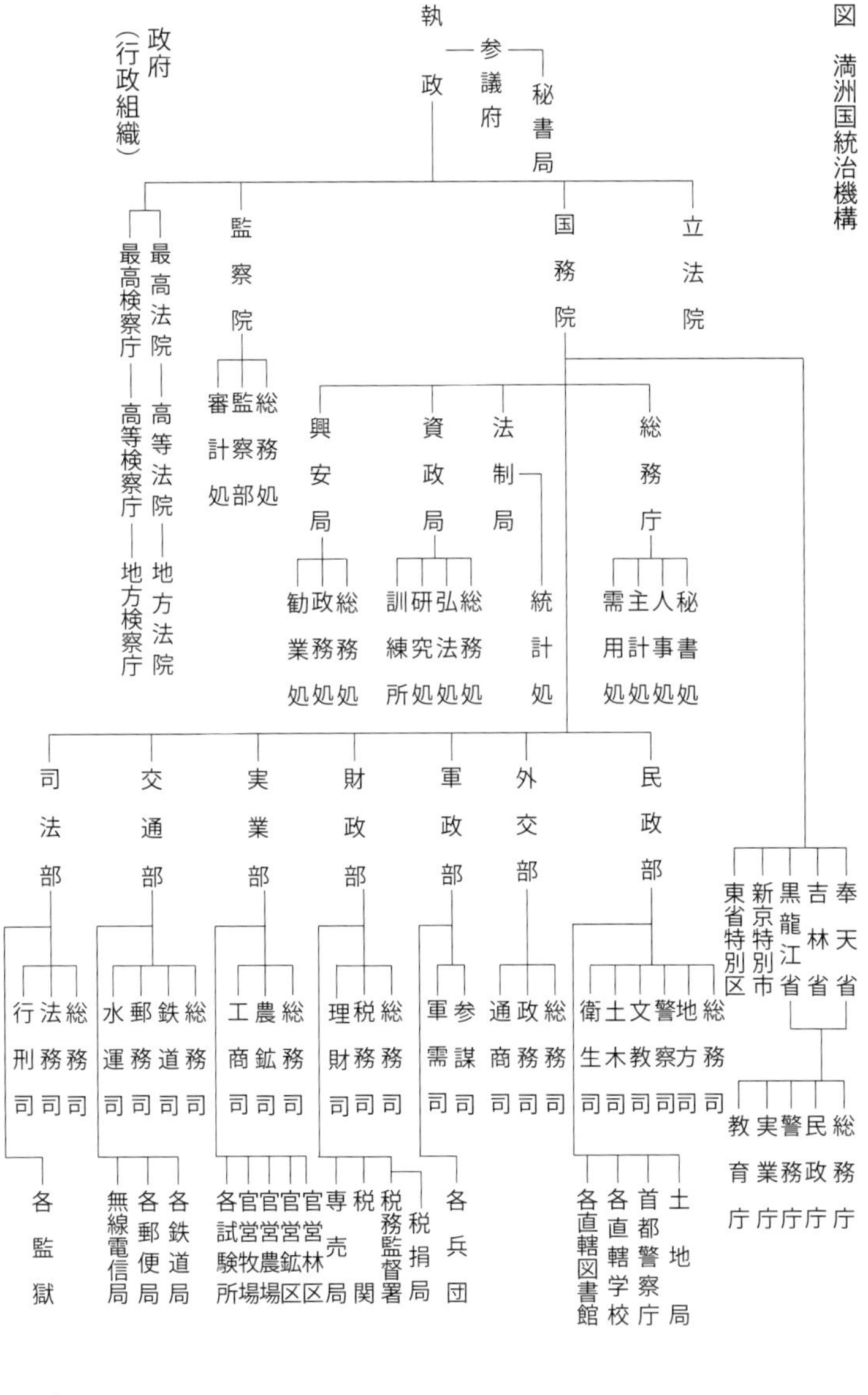

（満洲国史編纂刊行会編『満洲国史（各論）』満蒙同胞援護会、一九七一年、一一三頁より作成）

れまでの彼の歩みを言い得て妙である。もっとも星野は、田村は東大哲学科出身と書いているが社会学科が正確である。星野が、あまたの税務署長クラスの若手エリート候補のなかから、あえて田村を引き抜いたということは、中央にも彼の優秀さや非凡さが伝わっていたということであろう。他方、田村がこれに応じた理由は、彼を引き付ける「何物か」が新生「満洲国」にあったからに相違ない。貧困の嵐が吹き荒れる東北の農村の事態を税務署長の目で厳しく見ていた田村にすれば、その打開の「解」を日本国内よりは満洲国の将来に求めたとしても不思議はない。関東軍の掲げる日・朝・中・満・蒙の「五族協和」や帝国主義の植民地支配と異なる東洋的「王道楽土」の建設というスローガンも、田村にとっては事変直後は新鮮に見えたことだろう。東北の現実に絶望的だった田村は、星野からの指名を積極的に受け止めたのである。

一九三二（昭和七）年六月に関東軍から満洲国へ秀俊派遣の要請があった時、田村と同期の面々は何らかの意味で派遣対象者となったはずである。田村の同期（大正一四年組）の主だったものを挙げれば毛里英於菟、深沢家治《ふかざわいえはる》、宇川春景《うかわはるかげ》、浜口芳久、山際正道、杉山昌作《すぎやましょうさく》、塚越虎男、小林末夫《こばやしすえお》、植木庚子郎、池田勇人らであった。彼らの多くは、将来を嘱望されて地方の税務署長の任についていた。田村が仙台税務署長だったことは前述したが、同期の毛里は熊本税務署長、深沢は沼津税務署長、宇川は水戸税務署長、山際は高崎税務署長、杉山は坂出地方専売局、塚越は和歌山税務署長、小林は金沢地方専売局、植木は岐阜税務署長、池田は宇都宮税務署長である。

彼らのなかから田村が選抜されて満洲へと渡ったわけだが、実は池田もその候補の一人であったといわれる。しかし池田は一九三〇（昭和五）年九月に皮膚・粘膜がびらんし出血する「落葉性天疱瘡《らくようせいてんぽうそう》」なる難病を患い、三一年五月から三三年五月まで二年間休職を余儀なくされた。大蔵省からの渡満官吏の人選が行われたのは、ちょうど池田が病気療養中の時だった。もし、池田が難病を患っていなかったら、田村ではなく池田が選抜されて渡満した可能性は少なくない。実は、池田は自らを「赤切符組」（列車で一等が白切符、二等が青切符、三等が赤切符）と称して自らの出世の遅れを揶揄していたからである。いずれにしても田村が選抜されるときは、池田は闘病中でその選に名が挙がることはなかった。

その後も出世競争で後れを取った池田だが、一九四一（昭和一六）年池田は第一国税課長となる。やっと主流コースに入ったかと思われたが、その後が続かない。「課長にはなったが、なかなかつぎへすすめそうもない。何度もけ落とされそうになる。当時、満州国にいて総務長官をやっていた古海忠之が、池田の苦境をみて、満州にこないかと誘った。古海は大蔵省で池田の一期か二期上だった。決めかねているうちに終戦になった」（前掲『池田勇人　その生と死』五八頁）という。彼が満洲へ行っていたら、首相の座はおろか、戦後の歩みもなかっただろう。運命の不思議さを感ずる一コマである。

満洲国へ

星野を筆頭とする大蔵省派遣の満洲組は、一九三二（昭和七）年七月一一日東京駅を発った。東京駅からの晴れの門出は、「特急一等に乗って、展望車で堂々と出かけることにした」という。星野は「立派な折目をつけてやることが必要」（前掲『見果てぬ夢』一八頁）だと考えたからである。ところが出発当日の切符はすでに売り切れていて入手できない。そこで鉄道次官の久保田敬一に掛け合って大阪までの展望車席を確保して東京駅で盛大な壮行式を行った（同上）。出発六日前の七月六日に星野の父親が他界するといった予想外なこともあってのあわただしい出発だった。出発時の模様を「東京朝日新聞」は、展望車で出発する一行をホームで見送る家族や関係者の写真を掲載すると共に「『平和の義勇兵』きょう満洲へ　大蔵省少壮高等官等　職を擲《なげう》って出発」というタイトルを掲げて以下のように伝えていた。

「◆骨を満洲国に埋《うづ》めようと新満洲国に永住の決心から職を投げうった大蔵省若手高等官星野国有財産課長以下九名のうち七名が十一日午前九時超特急つばめ号で賑々しく出発した、早朝から乗車口ドームには出勤時の同僚後輩が詰かけて名刺の山を築き『平和の義勇兵』星野課長、田中、古海両事務官、山梨専売局副参事、田村、永井、坂田各司税官七名は口を真一文字に結んで友情を受ける　中にリーダー格である星野課長が厳父を失ったばかりのこととてフロックに喪章を巻いている姿が、その使命と覚悟とを語っていた。◆一行は特に助役の案内でホームにはいれば、待ち構えた親兄弟が抱き合わんばかりの騒ぎ、見送り人の中に軍人の姿が多く見られたのも、もっともである、一行は展望車の後に乗り込んでいよいよ出発となれば、群衆から歩み出た兵

『平和の義勇兵』けふ滿洲へ
大藏省少壯高等官等
職を擲って出發

けさ出發の平和義勇軍（東京驛で）

満洲組の出発を報じる東京朝日新聞（国立国会図書館所蔵）

士が『兄さん、しっかり、さようなら』と叫んでホームの人々をしいんとさせた。◆尚他の二人—松田国有財産課事務官、寺崎税務監督局書記官とは京城《けいじょう》〈現ソウル〉で落ち合い、十七日いよいよ満洲新国家に入る予定である。」（「東京朝日新聞」一九三二年七月一二日付）

田村敏雄の妻千枝子も娘の手を引き、息子を抱いて、この送迎の人波のなかにいた。そして、千枝子たち留守家族も敏雄からの満洲への呼び寄せの報を東京で待つこととなる。

星野直樹ら一行は、東京を出発後に大阪、京城を経て七月一五日に奉天に到着、ここで事変直後に東拓ビルに司令部を構えていた関東軍の本庄繁《ほんじょうしげる》司令官を筆頭に橋本虎之助《はしもととらのすけ》参謀長、板垣征四郎《いたがきせいしろう》参謀らの軍首脳と会見、本庄から「思うぞんぶん働いてくれ」（前掲『見果てぬ夢』一二一頁）との励ましを受けた。この時、参謀の石原莞爾《いしはらかんじ》は不在だった。彼らが関東軍を訪問した東拓ビルというのは、正式には東洋拓殖株式会社奉天支店のビルで、満洲事変直後から一九三四（昭和九）年まではこのビルに関東軍司令部が置かれていた。

本庄司令官の激励を背に受けて、一六日には満洲国の首都の新京《しんきょう》（現長春《ちょうしゅん》）に着いている。当時は、まだ新京に現存する旧関東軍司令部、現中国共産党吉林省委員会の建物は完成していなかった。この建物の建設が始まったのが、星野らが新京に着いた一九三二（昭和七）年で、完成するのは二年後の一九三四年のことである。星野らが新京に着いた時期は、建国事業が始まったばかりで、新京は満洲の新開地だった。建設途上とはいえ、駅の周りは一面原野で、荒涼とした雰囲気が街全体を覆っていた。新京に着いたのだが、そこは「出迎え少ない新京駅頭」（同上書、二二頁）で、寂しい限りの新興都市だった。さらに宿泊の旅館はローカルな満蒙旅館で、騒音と蝿、蚤に悩まされて到着一夜を過ごした。翌日、車で満洲国財政部に向かったが、発足当初の財政部の建物は、東三省《とうさんしょう》官銀号長春支店の建物だった。東三省官銀号というのは奉天軍閥が支配していた基幹銀行の一つで、奉天に本店を、満洲各地に支店をもって満洲経済に絶大な影響力を振るっていた。星野ら大蔵省からの派遣組は、まず臨時に満洲国財政部が置かれていた東三省官銀号長春支店に赴いたというわけである。

満洲国の初代財政部総長は熙洽だった。彼は日本の陸軍士官学校騎兵科の出身で、吉林省を基盤とする軍閥の領袖の一人だった。彼は、満洲国建国に参加した張景恵、馬占山、蔵《ぞう》式熙《しきき》と並ぶ建国「四巨頭」の一人で、吉林系と称された満洲人脈の頂点に立つ人物だった（浜口裕子『日本統治と東アジア社会』勁草書房、一九九六年、八七頁以下）。その後、彼は吉林省にあって満洲事変を迎えた。満洲事変は一九三一（昭和六）年九月一八日に勃発するが、三日後の二一日には関東軍は朝鮮軍の越境に呼応して吉林を占領、二八日には熙洽を吉林省長官に引き出して張学良からの独立を宣言させた。彼は、満洲国建国後は財務部総長として建国に参加することとなる。

もっとも彼は、普段は彼の根拠地である吉林にいて必要な時に新京に出てくるというのが実態だった。したがって、彼は普段は吉林にいたため、現場を仕切っていたのは関東庁から横滑りしてきた総務司長の阪谷希一《さかたにきいち》と税務司長の源田松三だった。満洲国は建国直後で、まだ組織がきちんと整備されておらず、日本の税務署に該当する税捐局《ぜいえんきょく》が治安悪化のなかで機能せず、したがって租税が徴収できず、そのため国家予算も組まれておらず、通貨も各省で様々な異なる通貨が流通している状況で、混乱を極めていた。

満洲国財政部で予算編成

田村たちが新京に着くや否や超多忙な生活が待っていた。一九三二（昭和七）年七月の財政機構は図（七七頁）に見る通りだが、田村は国税科長として関東庁財務課長から満洲国入りをし税務司長に就任した源田松三の下で働くこととなった。当時まず満洲国が当面した課題は、財政の基礎確立のための財政制度の確立と予算案の作成だった（満洲国史編纂刊行会編『満洲国史（総論）』満蒙同胞援護会、一九七五年、三〇三頁）。

張学良時代の東北地域の財政は奉天、吉林、黒龍江の三省が、それぞれ自治体制をとって別個の財政体制を築いていた。三省の中心に位置していた奉天省を例にとれば、一九二四

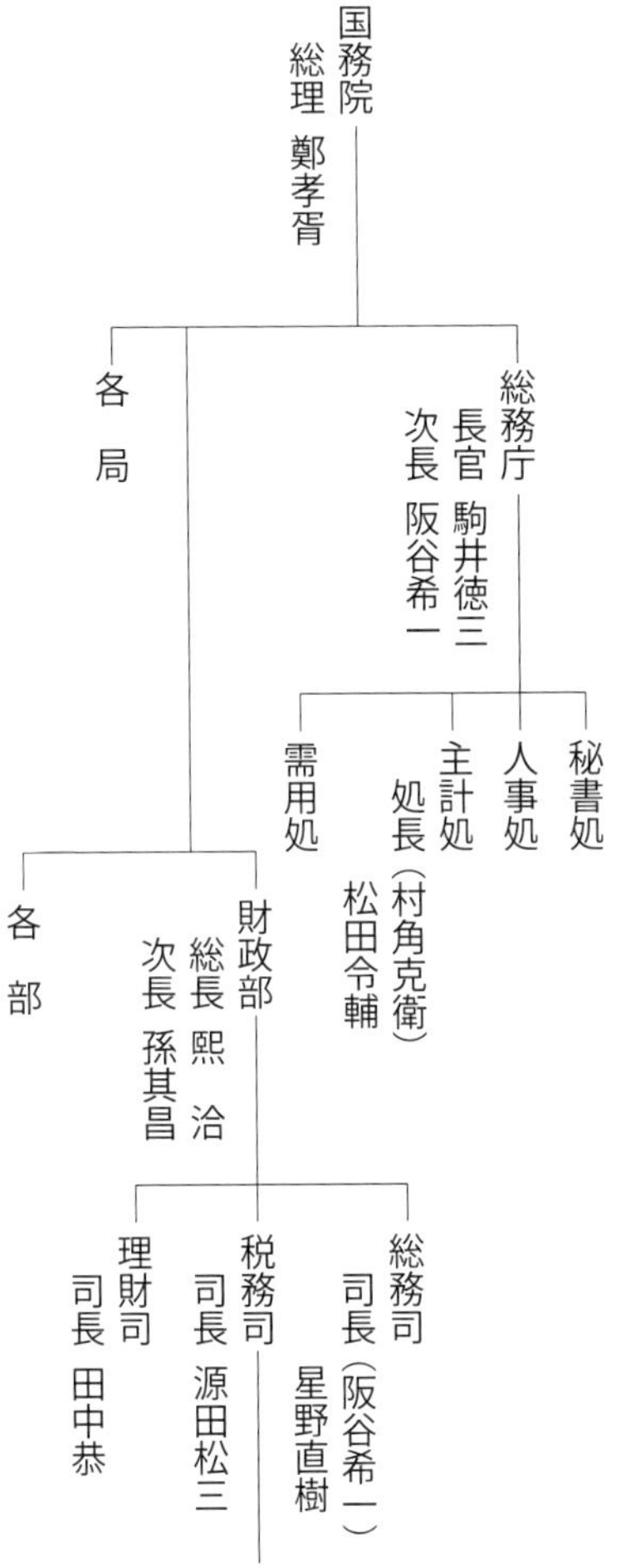

図　一九三二年七月末の財政機構（カッコ内は前任）

（満洲国史編纂刊行会編『満洲国史（総論）』満蒙同胞援護会、一九七五年、三〇三頁より作成）

（大正一三）年頃から張作霖の中国東北から華北地域への進出、軍事支出増加と連動して財政規模は急速に拡大を開始する。歳入の大半は統捐《とうえん》と称された農産物移動に課せられた出穀税、通貨税、鎮場税で、特産大豆取引から派生した税だった。歳出の中心は軍事費だった。一九二四（大正一三）年以降の張作霖の関内での軍事作戦の展開で軍事費はうなぎ登りに上昇し、これに合わせて歳入の増加が図られたため、国家財政は極端な赤字財政となっていた。

田村たちの作業は、まず、満洲国の予算制度を確立することから始まった。満洲国の予算年度をどうするか、満洲国の年間総予算額はどの程度か、各省で異なる予算項目をどう調整するかなど、満洲国出発にあたって解決せねばならない問題は山積していた。

満洲事変前の張学良統治下の東三省（東北部地域）では奉天、吉林、黒龍江の三省が奉天省を頂点に緩やかな連合自治制を敷いており、それぞれ独立した財政制度をもっていた。満州事変後は、そうした連合自治制を解体し満洲国政府のもとに再統合したため、新しい財政制度と予算制度の確立が求められたのである。

歳入の最大項目は租税であるが、それが満州事変後の混乱で正確な実態がつかめなかった。星野直樹は、「均衡予算を編成するとして、いったいどれだけの金額を歳入としてあげることができるであろうか。これを計算するのは、税務司（日本の主税局）の仕事である。そこで源田君に租税収入予算をつくってもらった」（前掲『見果てぬ夢』六五頁）。ここでいう源田君というのは、田村の上司の源田松三である。田村もまた源田の下で租税額確定作業にあたったことはいうまでもない。しかし、租税総額を把握することは困難を極めた。日本と徴税制度が全く異なるからである。満州で徴税を担当するのは税捐局だが、事変後の戦乱のため税の徴収が円滑にはできないだけでなく、徴収額の予測ができなかった。星野直樹の回想によれば、全満一五二の税捐局のうち連絡のつかないものが多く、したがって事変前の租税額は七〇〇〇万円とし、平均を四〇％として二八〇〇万円と推定した。これに塩税と関税、専売収益を加えて約一億円としたのである（同上書、六六〜六七頁）。田村は、源田の下でこうした厄介だが、しかし国作りの基本となる徴税作業と徴税額の予測作業を行ったのである。

さらに田村たちは、確実な収入源であった塩税と税関接収による関税をもとに月間の予算を組み、それをもとに旧政権時代と同じ会計年度の七月開始、翌年六月締めの年間予算を作り上げた。関税、塩税に各種租税を加えておよそ九六五〇万円というのが一九三二（昭和七）年度の歳入総額だった（前掲『満洲国史（総論）』、三〇五頁）。

田村たちは、こうした予算編成作業と並行して各省ごとに異なっていた税務機構、税制、会計、国庫金、起債、官業、会計年度などに関する一連の統一作業に着手した（同上書、三〇九〜三一二頁）。

出発時は、奉天軍閥統治期の租税制度を踏襲したが、満洲国建国当初から租税制度の改革に着手し、満洲国成立五年後の一九三七（昭和一二）年末までにはその制度の整備を完了したという（田村敏雄『満洲帝国経済全集』租税編前篇、一九三八年、はしがき一頁）。

制度改革は三段階で行われた。田村によれば、奉天軍閥下の租税制度は、三つの特徴を有していたという。それは、まずは「収入第一主義」であったこと、そして「各省ごとに租税制度を異にしていたこと」、さらに「請負的徴税制度なりしこと」であった。

まず、「収入第一主義」とは、「厳格なる法制に依ることなく専ら課税上の便宜に即し課税の容易なる方面に集中的に重課」する方式であったことである。つまりは、税金を取れるところ、取りやすいところから徴収してきたということである。

第二の「各省ごとに租税制度を異にしていたこと」というのは、東北三省があたかも「独立国家の如き状態にあった為、税制も各省に依って異つたのみならず、同一省内に於ても地域的に不統一のものあり、従って他地域に於て課税せし物件に対し更に課税するは当然のこととせられ、何等怪まるるところがなかった」というのである。

第三の「請負的徴税制度なりしこと」というのは、奉天軍閥下では、徴税機関に対しては所要経費を支給せず、徴税責任額のみ指定し、その超過額の一定部分を割きそれを諸経費、給与に充てることを許すシステムだったことである。したがって、「徴税機関は只管税収の増加に専念し恰も徴税の請負を目的とする営利機関と択ぶことなく、その為、各種の舞弊《ぶへい》は半ば公然と行われ」（同上書、五四頁）たという。

田村たちは、まず第一期計画としては、奉天軍閥時代の旧制度を基本的に踏襲しつつもその整理改善を図ることを課題とし、国税と地方税の区分の明確化、負担の公正化、省中心の徴税機構を満洲国政府中心に統合する、ことに置いた。続く第二期計画は、租税制度そのものを合理化すること、これまでの請負的租税徴収をやめることであった。そして、第三期計画は国税と地方税の有機的結合、税体系の調整・合理化を目指すことであった。こうして「租税整理計画は、建国当初樹立せられたのであるが、計画通り着々進捗し、国税・貯法税を通じて昨年〈一九三七年—引用者〉末を以て一応完成し、茲《ここ》に我国の租税制度は旧来の面目を一新するに至った」（同上書、はしがき一頁）のである。

この作業の過程の一九三六（昭和一一）年七月に田村は、財政部税務司国税科長から同じ財政部の文書科長兼人事科長となる。そしてほぼ税制に関する制度的整備のめどがついた三七年七月には新設された通化省の次長に転勤することとなる。後に彼の上司だった古海忠之は、葬儀の弔辞のなかで友人代表として「最初君は財政部税務司国税科長として紊乱《びんらん》した税制を建直し厳正な徴税体制をつくり上げ満洲国財政の基礎を固める大任を果し、後には税務司長として税務行政にいささかの渋滞不安も感じさせませんでした」(『進路』第一〇巻第七号、一九六三年九月、一一頁)と述べているが、これは誇張ではなかろう。事実、彼は財政整備という課題を達成し、その実績を担いで通化省次長のポストに就くのである。

第五章　満洲国政府の中枢へ

通化省次長

田村が通化省の次長のポストに就く意味を理解するためにも、一九三〇年代半ばの満洲国の状況に関して説明しておく必要がある。建国後の満洲国が目指した課題は、官僚主導の統制経済体制のもとで、ソ連に対抗して鉄鋼業を主体にした重工業の開発計画を推進することだった。一九三五（昭和一〇）年に立案され三七年から実施に移された満洲国の産業開発五箇年計画は、総予算二十七億円、日本の国家予算の二年半分の資金を投入して、満洲での鉄鋼業を中心に石炭と鉄鉱石の増産を図り、さらにこの鉄鋼業を基礎に兵器、輸送機器産業の発展を図るというソ連の計画経済を意識した大規模な重工業化計画だった。

そして、この計画を推進する企業として、それまでの満鉄に代わり一九三六（昭和一一）年一二月日本産業（日産）が満洲へ移駐し、満洲国との折半出資で満洲重工業開発株式会社

（満業）が設立された。資本金は四億五〇〇〇万円、内満洲国が二億二五〇〇万円、日産が同じく二億二五〇〇万円を出資した。その傘下には、満洲鉄鋼業の中軸企業の昭和製鋼所、自動車組立の同和自動車工業と満洲自動車、撫順《ぶじゅん》炭鉱以外の在満炭鉱の採掘、売炭を行う満洲炭鉱、アルミニウム生産を行う満洲軽金属製造、鉱物採掘を行う満洲鉱山、航空機の組立を行う満洲飛行機製造など、主力企業が含まれていた（満洲重工業開発株式会社『満州重工業資源の開発と満業の使命』一九三九年）。

一九三七（昭和一二）年七月、新たに吉林省の五県と奉天省の四県を合わせて通化省《つうかしょう》が作られると、そこの次長として田村が派遣された。目的は通化地域の資源開発だった。ほぼ時期を同じくして、牡丹江省《ぼたんこうしょう》も新設されている（前掲『満洲国史（各論）』一二頁）。新設された通化省は、「匪賊の本拠地たる観を呈し」、吉林、奉天両省にあっても「特殊地帯の感」があった（満洲国通信社『満洲国現勢』康徳五〈満洲国の元号、一九三八年〉年版、一九九頁）。この地域は事変直後の一九三二（昭和七）年には康聚伍《こうしゅうご》を指導者とする反満抗日運動の拠点であり、軍警察は、三二年一〇月に討伐作戦を展開した。康聚伍は、張学良の部下で、満洲事変後は張学良と連携しつつ土着の抗日組織の大刀会、紅槍会《こうそうかい》と提携して抗日運動を展開した。討伐の結果、撃破された康聚伍とその部隊は日本軍の追撃を振り切って逃亡した（『戦跡を顧みて』兵書出版社、一九三四年、第一篇)。

その後、満洲国資源調査隊が同地を踏査した結果、「最近(一九三七年)の実地踏査によつて資源の優良豊富なことが確認され、就中鉄鉱の如きは記録的な七〇余%といふ良鉱が発見されて、本省の将来を一大鉱産省として約束づけるに至った」(前掲『満洲国現勢』康徳五年版、一九九頁)。この資源開発の目的のために、旧来の奉天、吉林両省にまたがる山岳地帯に新たな一省が新設され、その立ち上げの責任者として田村がこの地に派遣されたのである。

工業化の拠点と期待された通化省

当初、東辺道《とうへんどう》(東北地方南部の行政区画)は、満洲工業化の一大拠点と考えられていた。抗日ゲリラが討伐されて治安が安定さえすれば、満洲国が掲げた「満洲産業開発五箇年計画」の鉄鋼部門の基軸産業地帯になるべく予定されていたのである。当初は、「その埋蔵量は驚くなかれ約十億瓲」(同上書、二〇一頁)と想定され、ドイツの鉄鋼拠点に模して「東洋のザール」とまで称され、その開発を当て込んで満業傘下の準特殊会社として一九三八(昭和一三)年九月に東辺道開発株式会社が設立された。

同社は、公称、払込共に資本金は三〇〇〇〇万円、満業が二〇〇〇〇万円、満業傘下の満洲炭鉱株式会社（満炭）が一〇〇〇〇万円出資で成立した会社で、「通化省管内における鉄鉱石、石炭、製鉄用鉱産物の採掘販売、製鉄鉄鉱等の生産」を事業目的にしていた（満洲重工業開発株式会社編『満洲重工業資源の開発と満業の使命』一九三九年、付表）。後のことだが、この通化省は、ソ連軍が満洲に侵攻した折、満洲国防衛の最後の拠点として皇帝が移る場所として想定されており、現に満洲国皇帝溥儀は、ソ連軍が満洲へ侵攻を開始すると新京から通化省に移動し、大栗子溝《だいりっし》の鉱山事務所を仮の皇居とした。そして日本がポツダム宣言を受け入れた後の八月一八日、ここで溥儀の退位式が行われた。

ところで、話を先の東辺道開発に戻せば、同社は「満洲産業開発五箇年計画」の最重要企業の一つとして、大栗子溝、七道溝の鉱山開発を目指していった。しかし、この東辺道には、三〇年代前半に活動した康聚伍に代わって、共産ゲリラの楊靖宇《ようせいう》が活動を開始し、「康聚伍無き後の東辺道密林の王者」（東辺道開発株式会社『東辺道』第四号、一九四〇年七月、七八頁）が活動し治安が動揺したこと（彼は一九四〇年二月に日本軍警により殺害された、同上誌、七八～八二頁）、および「その後この資源をだんだん調査した結果、初めの宣伝通りはないという決着」（国民経済研究協会・金属工業調査会戦時経済調査資料生拡（資）『第一次満洲産業開発五箇年計画書』一三四頁）となり、結果的には、「僅かながら日鉄兼二浦、昭和製鋼所および内地」（東洋経済特集『満洲』一九四〇年、六二頁）に鉄鉱石を供給するにとどまった。

田村が赴任した時、通化省の省長に就任したのが錦州出身で明治大学卒の呂《ろ》宣文《せんぶん》で、満洲国では、外交部文書科長、通商司長、国務総理大臣秘書官を経て初代通化省長に就任している。田村は、呂と組んで通化省の立ち上げ業務を担当したのである（前掲『満洲国現勢』康徳五年版、一九九頁）。田村の通化省次長は一九三七（昭和一二）年七月から一二月までで、それ以降は栗山茂二《くりやましげじ》にそのポストを譲っている。田村は、鉄鋼業の生産拡大を最重要目標に置いた「満洲産業開発五箇年計画」のスタート直後の時期に、満洲鉄鋼産業の基盤をなす鉱物資源の「宝庫」である通化省を任されたのである。彼の行政能力への期待がいかに大きかったかは想像に難くない。

しかし、通化の街は山間の奥地にあって、山また山を越えていく僻地であった。『満洲国現勢』（康徳五年度版）には康徳五（一九三八）年一月に通化省を訪れた記者の現地レポートが掲載されているが、雪深い山間地域を一日一往復しかない連絡列車に乗って六時間かけてやっと通化の町に到着したことが記述されている。それでも通化の町は、数年前と比較するとずっと近代化されたと記述されているから、初代通化省次長としてその前の年から約半年間かけて省政の基盤を作り上げた田村の行政力量の一端が示されているともいえよう。当時の通化の街を想像すれば、新京から来た田村自身にとっては、さぞかしうらぶれた街に見えたであろう。『満洲紳士録』（一九三七年度版）の田村敏雄の項を見ると現住所は通化省公署、とあるから、通化省の官舎に住んでいたのであろう。

田村は、一九三七（昭和一二）年一二月に通化省次長のポストを辞して経済部税務司長に就任し、古巣に戻っている。しかしそのポストも短期間で、翌年九月には民政部教育司長に就任した。東京帝国大学入学前に教師の道を志し、高等師範で過ごした田村にとってみれば、教育部門は、税制部門に次ぐ得意分野だったといえよう。

教育部門で活動

田村は一九三八（昭和一三）年九月に民政部教育司長として満洲国の教育行政に携わることとなる。田村は元々が京都府師範学校、高等師範学校出身である。その経歴からすれば、民政部教育司長は彼にふさわしいポストだったといってよい。一九三九（昭和一四）年七月の全国中等学校地理歴史教育協議会の大会が新京で開催されたが、民政部教育司長だった田村は、「満洲国の理念と実態」なる講演を行っている。彼は、日満一体の満洲国の建国の理念を語ると同時に、日本が満洲で進めた近代化の歩みを語りながら、人材育成の重要性を強調していた。彼は、「今日の満洲国及び将来の満洲国は何を望むか」「特に日本国に対して如何なることを期待するか」と問うて、その答えを「満洲国は何よりも日本から最も良き人材を送られんことを切望」すると述べて講演を締めくくっていた（全国中等学校地理歴史教育協議会編『全国中等学校地理歴史教員第十三回協議会及満洲旅行報告書』全国中等学校地理歴史教育協議会、一九四〇年、一三五頁）。

田村は一九四一（昭和一六）年一月には大同学院の教官に就任する。大同学院の起源は一九三一（昭和六）年一一月に設立された自治訓練所である。同訓練所は満洲事変後に満洲青年連盟や大雄峯会が中心となって一九三一（昭和六）年一一月に自治指導部が組織されるが、そのもとで三二年一月に自治訓練所は開所式を実施した。訓練期間は五か月であった。自治指導部の指導員が地方自治組織に指導者として入り活動するというのである。その訓練組織として作られたのが自治訓練所だったのである。

一九三二（昭和七）年三月に自治指導部が解散し、新に国務院資政局がこの業務を引き継ぐこととなり、先の自治訓練所も資政局訓練所と名称を変更した。第一期生は資政局訓練所卒業生として巣立っていった。しかし、国務院資政局も一九三二（昭和七）年七月廃止されたため、それに伴い資政局訓練所も大同学院と改称され、五月に入学した資政局訓練所二期生が、大同学院の一期生となった。満洲事変直後の混乱期を象徴する名称変更だが、大同学院はその後、満洲国中堅官吏の養成機関として活動することとなる（大同学院史編纂委員会『碧空緑野三千里』大同学院同窓会、一九七二年、四五～五一頁。大同学院史編纂委員会『大いなる哉 満洲』大同学院同窓会、一九六六年、二一～六一頁）。

田村は、大同学院の教官に就任した一九四一（昭和一六）年の一一月に彼の教育理念を著した『教育国家論』（満洲有斐閣、一九四一年）を上梓している。そのなかで、田村は「教育国家論」を展開する。論点がきちっと整理されているわけではないが、その意図することは、現在教育問題が国家的課題となっていること、その課題を達成するためには、「全面的、立体的、歴史的に考えるだけでなく、さらに世界的に考えなければならない」こと、具体的には「東亜全体」「日満一体」で考えるべきだ、と主張していた（二〇頁）。

時あたかも太平洋戦争突入直前のことである。満洲国が日本の後方にあって、その軍需物資の生産基地として大きくクローズアップされてきた時期である。すでに通化省次長として、鉄鋼産業の基盤作りの最前線に立ってきた田村は、今後はそうした産業を育て、運営していく戦士ともいうべき若手官僚の育成に乗り出したのである。一九三八（昭和一三）

年九月から四二年四月まで、三年八か月田村は教育職に携わることとなる。「満洲産業開発五箇年計画」が全力稼働している時であった。彼は、この事業の人材育成に全力を挙げたのである。

中堅官吏養成機関「大同学院」(毎日新聞社提供)

大同学院の教え子たち

田村が大同学院で教鞭をとっていた時の教え子も数多い。田村が教えていた一九三八（昭和一三）年九月から四二年四月は、大同学院では第九期から第一三期で、「学院中期」（大同学院同窓会、大同学院史編纂委員会『大いなる哉　満洲』一九六六年、五三四頁）と称される時期で、荒々しい建国期は過ぎて制度が整備され、「建国精神に満ちた冒険型」から「建国精神を体した能吏型」（同上書、五三五頁）の養成に切り替わる時期であった。

田村の『教育国家論』なども そうした大同学院の当面の課題に応える著作だったのだろう。当時は、多くの院生が教員宅に押し寄せて談論風発、夜を徹して語り合ったという。

『第三版　満洲紳士録』（満蒙資料協会、一九四〇年）に記載された田村敏雄の項目を見ると、母サト、田村夫妻、長女、長男の五人家族で、新京北安南湖に居を構えていたことがわかる。母親のサトを呼び寄せる余裕が生まれてきていたのだろう。そして、趣味としては野球、スキー、スケート、読書とあるから、家族や教え子と共に夏は野球、冬はスキー、スケートそして学生との討論や読書と、満洲での四季の趣味と教員生活とを満喫していたに相違ない。スキーは、田村の趣味のなかでは最も好んだスポーツで、日本にあっても山形税務署長の時は、蔵王などで大いにスキーを楽しんだという。学生との談論の最中、学生の一人が「女房と畳は新しい方がいい」というと、田村は「うちに限って言えば古けれぱ古い方がいい」と冗談をいって皆を笑わせた、と同居していた山路富士男（小学校時代の恩師山路吉兵衛の長男）は回想しているが（前掲『危機の宰相』九九頁）、田村の家には学生が集まり、「勉強会とも雑談会ともつかないものが開かれていた」（同上書）という。円満な充実した家庭生活であればこそ、学生の出入りを許容できる雰囲気だったのであろう。

田村のところに集まった学生は、大同学院生だけではない。後述する新京法政大学生もそうだし、吉林師道大学生もいた。戦後も深い付き合いをし、田村に弔辞を送った孫亦濤もその一人であった。彼に関しては、また田村の死去を語る際に再び触れよう。

　そんなこともあってか、大同学院での生徒と学生の結束は固く、卒業した後でも母校への郷愁捨て難く、多くの卒業生が卒業後も同窓会を組織して活動していたようで、一九三三（昭和八）年、第二期生として入学した福島鶴太郎のように、卒業後五年経ってから大同学院へ赴任した田村に対しても「よき理解者」だったという謝辞を送っている（満州回顧集刊行会編『あゝ満洲』一九六五年、七六四頁）。卒業後も母校とのつながりを欠かさなかった証左であろう。

　こうした卒業生のなかで、戦後の日本の高度成長政策に深くかかわる人物の一人に藤崎信幸がいた。藤崎は一九一〇（明治四三）年台湾の新竹《しんちく》に生まれている。台湾一中から慶應義塾大学文学部予科に入り一九三六（昭和一一）年三月卒業、同年五月満洲国大同学院に入学、六か月後の同年一一月卒業、満洲国官吏として勤務し、大同学院の教訓を体した「王道楽土」「民族協和」に邁進し、四一年には龍江省《りゅうこうしょう》副県長、四二年には国民勤労奉公局第一科長を務めている。おそらく藤崎は田村と満洲国の政府関係会議で顔を合わせたこともあったであろうが、藤崎は一九四四（昭和一九）年応召、四五年四月所属部隊と共に済州《チェジュ》島へ移動し、そこで終戦を迎えている。同年一〇月藤崎は佐世保に復員している。戦後は満洲での夢断ちがたく、日本の財界人、政界人を説いて一九五一（昭和二六）年にはアジア問題調査会を結成、事務局長に収まると共に、五九年には時の総理だった岸信介と連携してアジア経済研究所（現日本貿易振興機構アジア経済研究所）を設立し、日本の高度成長を支えた東南アジア市場の開拓に邁進することとなる（板垣與一編『アジアに道を求めて　藤崎信幸追想』論創社、一九八五年）。このように藤崎と田村は、戦後の高度成長のなかで再び相まみえることとなる。

教員仲間、香川鉄蔵

大同学院時代に田村は福島鶴太郎や藤崎信幸といった生徒だけでなく、多くの教員とも交流を深め、それが戦後の活動の財産となっている。そのなかで、戦後の宏池会の結成、下村治との交流を考える際に大きな役割を果たした人物として大同学院時代の友人である香《か》川鉄蔵《がわてつぞう》の名を忘れることはできない。

香川鉄蔵は一八八八（明治二一）年に東京の浅草に生まれている。一高から東京帝国大学文学部哲学科へと進学するが、中退し全国を放浪する。キリスト教に心を向けていた香川は、指導教官だった井上哲次郎の国家主義的立場からのキリスト教批判には納得できないものがあったようだ（香川鉄蔵先生追悼集刊行会編『香川鉄蔵』一九七一年、三八九頁）。放浪中にスウェーデンの女流作家セルマ・ラーゲルレーブの作品（『ニルスの不思議な旅』）を翻訳、『飛行一寸法師』（大日本図書、一九一八年）として出版した。

一九一九（大正八）年には大蔵省臨時調査局金融部嘱託として欧米諸国の財政調査などを行っている。嘱託として小部屋の片隅に机を置いての調査業務だったが、「わからないことがあれば香川に聞け」といわれるように一目置かれ、局長、次長、課長のなかに「香川門下生」を自称するものが出てきたという（前掲『香川鉄蔵』七四〜八〇頁）。一九三八（昭和一三）年、彼が五〇歳の時大蔵省を辞めて満洲は新京に単身赴任し、星野直樹の斡旋で、総務庁企画処参事官のポストに就き、大同学院と新京法政大学の教授を兼任した（同上書、二〇八〜二〇九頁）。

大同学院に関しては前述したとおりだが、新京法政大学に関しても紹介しておかねばならない。創立は一九三四（昭和九）年だが、三九年に校名を司法部法学校から新京法政大学とした。校舎は大同学院の隣にあって、未来の司法官を育成する機関であった。各期六〇名が定員だったが、人気があり募集人員も少なかったので、狭き門であったという（新京法

政大学同窓会編『南嶺慕情続編』一九九七年、九〇～九一頁）。

当時、総務庁の総務長官は星野直樹、総務庁次長は岸信介である。ここでも香川は調査活動を忘れず、企画処に調査室が設けられると香川はそこに所属して全満調査活動を実施した。香川は、大同学院、新京法政大学で教鞭をとる傍ら、満洲の地方を視察し、その成果を『満洲で働く日本人』（ダイヤモンド社、一九四一年）として発表している。この『満州で働く日本人』には高級官僚は出てこない。満洲の地方で下積みで働く日本人が主に取り上げられている。彼は一九四〇（昭和一五）年初頭に満洲各地を回り、主に地方で活躍している日本人の姿を追っている。新京を振り出しに鉄嶺《てつれい》、間島省《かんとうしょう》、吉林、ハルビン、大連、奉天、撫順、鞍山《あんざん》、阜新《ふしん》、弥栄《いやさか》・千振《ちぶり》（第一次・第二次満蒙開拓団入植地）、熱河《ねっか》、赤峰《せきほう》、興安嶺《こうあんれい》の彼方、黒河《こくが》・北安《ほくあん》を回り新京へ戻っている。新天地満洲に夢を懸けた若者たちに面談し、彼等の活動実態を伝えようとしたのである。香川は、名誉や欲を捨て満洲国の「見果てぬ夢」にかけた若者に何か共感するものを求めていたのかもしれない。

前述したように田村は、一九三八（昭和一三）年九月に民政部教育司長として満洲国の教育行政に携わり四一年一月には大同学院の教官に就任している。香川は一九三九（昭和一四）年から田村と協力して新京法政大学に特修科を設けた。この間の事情について当時同じ総務庁調査室に所属していた鈴木敬人は「総務庁調査室・新京法政大学特修科のことなど」で次のように回想している。「この特修科の開設には〈香川〉先生の一方ならぬお骨折りがあったと聞いている。当時の民政部教育司長は大蔵省出身の田村敏雄さんであったから、先生の働きかけにも効果的な共鳴が生じたことであったろう」（前掲『香川鉄蔵』二二一〜二二二頁）。この特修科というのは昼間は官庁に勤めながら夜間に学ぶという勤労学生に門戸を開いたもので、授業は「午後六時から夜半九時半まで」（新京法政大学同窓会編『南嶺慕情』一九九三年、一二三四頁）で教師も昼間は官庁で実務を担当しているものが就任した。かつて苦学生だった田村は、夜間学生をにわが身になぞらえて見ていたに相違ない。

香川は田村が大同学院教授に就任する一九四一（昭和一六）年一月には満洲を離れ、「国務院企画処嘱託・東京勤務」の肩書で東京に移転するので、二人の交流は短いものであったろうが、満洲在住時代を含めれば、二年余りに及んだ。しかも田村は東京帝国大学文学部社会学科、中退とはいえ香川は同大文学部哲学科出身と同学部、隣接分野の専攻という近さに加えて、両者共に満洲国が掲げる「王道楽土」「五族協和」には懐疑的であった。香川は、それに幻滅を感じて早々に満洲国を退去するが、田村も高級官僚としては珍しく「王道楽土」「五族協和」に納得してはいなかった。

帰国後の香川は、満洲国への懐疑もあったのであろうが、一九四四（昭和一九）年二月に満洲国官吏を辞任し、大蔵省外資局嘱託となり敗戦を迎えている。敗戦後の香川は一九四六（昭和二一）年四月大蔵省主計局、四九年には大蔵省理財局に籍を変えていた。そして一九五〇（昭和二五）年七月には国会図書館の参事に就任している。そして一九五一（昭和二六）年八月には国会図書館を辞して、開国百周年記念文化事業会理事に就任、同時に大蔵省で外国財政調査を行い、五七年五月からは防衛庁に移籍している（香川節「父香川鉄蔵のこと」『植民地文化研究』第二号、二〇〇三年七月）。一九五七（昭和三二）年前後の時期から大蔵省関係で田村との交流が再開されるが、この点は後述することとしたい。

浜江省次長

田村は一九四二（昭和一七）年四月に大連税関長に就任する。大連は自由港だが、関東州から満洲国へ物資を搬出入する時は関税が発生する。だから満洲国へ入国するものは、事前に大連税関で通関手続きを完了しておくのが通例だった。そのため大連税関は、中国の東北最大かつ最重要な税関署であった。田村は、家族と共に日本の官舎が並んでいた大連市楓町に移り住む（『第四版　満洲紳士録』一九四三年）。そしてこのポストを二年間務めた後、一九四四（昭和一九）年四月に浜江省次長に就任する。

浜江省というのは、満洲北東部に位置してハルビンを中心に西北は龍江省・北安省と接し、東北は牡丹江省と接し南部は吉林省と接する北満の要衝である。特に同省の中心都市のハルビンは、古くは旅順、大連と並ぶ満洲北部の拠点として重きをなし、交通と物流、金融の拠点として繁栄を遂げてきた（『満洲国現勢』康徳九、一〇年版）。

したがって、ハルビンには多くのロシア風の建物が残されていた。ロシア風の建物が軒を連ねるキタイスカヤ、聖ソフィア堂など数多くのロシア正教の教会、そして、ゆったりと流れる松花江《しょうかこう》。敗戦色が次第に忍び寄る北満の緊張感を含みつつもハルビンは、未だ静けさを保持してきた。田村は、一九四四（昭和一九）年四月から四五年八月の敗戦までの一年四

1935 年ごろのハルビン。キタイスカヤ街。ホテルや日本資本の百貨店が並ぶ（朝日新聞提供）

か月間をこのハルビンで過ごしたのである。

田村が浜江省次長をしていた一九四五（昭和二〇）年五月にハルビンの彼のもとを訪れた人物がいた。東京帝国大学教授の飯塚浩二である。彼は一九四五（昭和二〇）年二月から六月まで約四か月間、主に北満地域を中心に調査旅行を続け、この地域の敗戦間際の貴重な記録を残している。彼はこの旅の途中で五月末にハルビンの田村を訪問し、その記録を『満蒙紀行』（筑摩書房、一九七二年）のなかに残している。「五月三十日　浜江省の田村次長に会う。北京で橘樸《たちばなしらき》先生からお勧めがあったので、面会を申し込む気になったのだが、かえって先方からホテルへご来駕ということになった。談論風発の蔭に満洲国の高級官僚として納まっているには具備していなければならぬ条件が一つの枠としてほのみえ、興味ある人物である」（二三八頁）と記述している。もって回った表現だが、田村の言葉の節々に満洲国への不満とそれを越える彼の夢が表現されていたのであろう。少なくとも彼は表向きの「五族協和」に飽き足らず、真の「五族協和」の夢を追い求めていたのだろう。戦後になって雑誌『進路』の随想のなかで、彼は「病院がいらず」、「軍隊もいらず」、「監獄も不要な」社会の実現を夢として語っているが、おそらくそうした彼の「夢」と満洲国の現実のギャップの一端を飯塚浩二と語ったのではないか。

飯塚は、引き続き翌六月一日には、田村の案内で、ハルビン近郊の阿城《あじょう》地域の灌漑溝の造成地の通水式を見学している。中国人青年を動員した勤労奉仕隊を使っての灌漑事業を見学したのだが、中国人青年環視のなかでの神主による神式の式典と日本酒・するめでの乾杯は飯塚の「民俗学的視覚教材」として格好の材料を提供してくれたことであろう。しかも田村が振る赤旗一閃《いっせん》、ポンプが稼働、水がほとばしるはずであったが、在満日本企業製の揚水ポンプが故障して慌てるおまけまでがついた（同上書、二三八〜二四一頁）。

敗戦直前のハルビン

敗戦間近のハルビンについて田村は何も語っていないが、飯塚浩二は、克明に記述している。彼は時局に敏感なロシア人に驚かされる。ハルビンで昨年と変わったことといえば、盛んにヨットの修繕や新造をやっているというのである。彼らは、「この夏のシーズンにはまず間違いのないところ、日本人が威張れなくなって、われわれの存分にヨットを楽しめる世がくるんだと、その準備に怠りない」（同上書、二四一頁）からである。彼らの祖国愛は強いもので、帝政ロシアであろうとソ連であろうと、ナチス・ドイツに攻められスターリングラード危うしとなれば、祖国防衛のために多くのハルビン在住のロシア人の若者が国境を越えて祖国の防衛にはせ参じたというのである。亡命一世のロシア人が「従軍するために出発する息子たち、頑張ってくれと激励しながら、別れを惜しむ光景が、当時のハルビン駅頭でいくらも見られたという」（同上書、二四二頁）のだ。

逆に呑気極まりないのが日本人である。飯塚は、こんな話を紹介している。「彼らのあいだで、満洲国紙幣の価値喪失にそなえて、換物運動がさかんなことは勿論であり、キタイスカヤ街に白系露人が三人集まっていれば必ず、日系が敗れたときの善後策を話題にしているという。そして、戦況があんなだのに君たち、そんなに何一つ対策を考えず、呑気にしていていいのか、われわれには君たちの神経がわからないと、ロシア人が日本人に問いただす」（同上）というのである。

ほぼ、同じようなことを当時ハルビンに住んでいた杉山公子も回想記述している。当時女学校を卒業し、満鉄ハルビン鉄道局に勤めたばかりの杉山公子は、ハルビンに忍び寄る戦争の影を次のように回想していた。

わたしがまだ満鉄にいた〈一九四四年―引用者〉七月末、鞍山にアメリカ空軍によるはじめての空襲があった。十二月、こんどは奉天が空襲をうけた。いずれも中国の基地から出撃したB29爆撃機によるものだった。それでもハルビンは何ごともなく昭和十九年の冬を迎えた。この冬、わたしの記憶にのこることが二つある。一つはモデルン劇場でハルビン交響楽団の定期演奏を聴いたこと。たしか指揮は朝比奈隆氏だった。ひととき、人びとは戦時色の中のハルビンを忘れることができた。もう一つは平安座で宝塚歌劇の公演をみたこと。春日野八千代《かすがのやちよ》一行だったが、このときは入場券を求めて雪道に数時間も並ばねばならなかった。一九四五（昭和二十）年を迎えたハルビンは表面的には平穏だった。鞍山、奉天には米軍機による空襲があったが、一度も敵機をみないハルビンにはそれほどの緊迫感はなかった。（杉山公子『哈爾賓《ハルビン》物語』地久館出版、一九八五年、一八六頁）

おそらく正直な感想だろう。日本本土の空襲が始まると安全を求めて満洲へ疎開してくる家族もあったというから、満洲は安全という神話が広がっていたに相違ない。しかし、歴史の目に見えないところで、この安心神話を打ち砕く動きが静かに、そして急速に進行していたのである。

ドイツの敗北とソ連の日ソ中立条約不延長

一九四二（昭和一七）年以降になると、ハルビンを包む全満洲の平和を大きく揺るがす戦局の変化が、欧州と太平洋の両地域で起きていた。一九四一（昭和一六）年六月に始まった独ソ戦は、四二年夏からドイツ軍はモスクワを攻略するも挫折、続いて八月スターリングラード攻略を開始したが、逆に一一月にはソ連軍のスターリングラード反撃が開始され、これにより包囲されたドイツ軍は一九四三年二月に降伏に追い込まれた。さらに一九四二（昭和一七）年九月、北アフリカではドイツ軍が英軍に敗北、四三年五月には北アフリカからドイツ軍が駆逐され、九月にはイタリアが無条件降伏をした。そして一九四四（昭和一九）年六月には連合軍がノルマンディ上陸作戦を実施し、八月にはパリが連合軍の手で解放された。米・英・ソの連合軍は、東西からドイツへの攻撃を強化していった。

この間、一九四三（昭和一八）年一一月にはカイロでチャーチル、ルーズベルト、蔣介石の三者で日本の無条件降伏を謳った「カイロ宣言」が、同じ一一月にはチャーチル、ルーズベルト、スターリンがテヘランで会議を開き、ソ連の対日参戦を協議した。一九四五（昭和二〇）年に入ると連合国側の攻勢は勢いを増し、一月にはソ連軍はワルシャワに到達し、ドイツ国内への攻撃態勢を整備した。そして二月にはヤルタでルーズベルト、チャーチル、スターリンが会談し、ドイツの無条件降伏、非軍事化と賠償、連合国による分割統治などが決定されたが、秘密協定では、ドイツ降伏後にはソ連が対日戦に参加すること、日露戦争後に日本が獲得した南樺太や満鉄の返還などが盛り込まれた。

他方、日本でも一九四一（昭和一六）年一二月のハワイ真珠湾奇襲攻撃以降、半年足らずで東南アジア全域を占領したものの、四二年六月のミッドウェー島沖海戦での海軍の大敗北、続く八月のアメリカ軍のガダルカナル島上陸とニューギニア進攻で始まった日本攻略作戦は、ニューギニアからフィリピンへ北上する陸軍と太平洋諸島を攻め上がる海軍の前に、四三年五月のアリューシャン列島のアッツ島での玉砕、一一月の南洋群島タラワ・マキン島での玉砕、四四年六月のサイパン島での玉砕と、六月のマリアナ沖海戦の敗北、一〇月のレイテ沖海戦での敗北、四五年二月の硫黄島《いおうとう》での玉砕が続くなかで、四五年三月には、サイパン島を基地とする米軍のB29三〇〇余機による東京空襲が実施され、以降米軍機の本土爆撃が本格化した。一九四五（昭和二〇）年二月にはヤルタでルーズベルト、チャーチル、スターリンによるヤルタ会談が開催され、スターリンは対日参戦を約束した。四月には関東軍からの抽出部隊を含む日本軍が防備を固めた沖縄島に米軍が上陸し、民間人を巻き込んだ激戦のなかで六月末には玉砕した。

他方、欧州戦線では一九四五（昭和二〇）年五月にはベルリンが陥落し、ドイツ軍は連合軍に無条件降伏をした。それに先立つ四月にソ連は日ソ中立条約の不延長を一方的に決定し、日本に通達した。対日戦の前触れだった。しかし日本は、それに気づかず六月にはソ連を当てにし、その斡旋での終戦工作を開始した。七月には近衛文麿をモスクワに派遣する案が浮上した。しかし、七月にはポツダムでトルーマン、チャーチル、スターリン三者による会談がもたれ、日本に無条件降伏を迫るポツダム宣言が発表された。近衛のソ連派遣に対する回答を心待ちにしていたモスクワの日本大使が、八月八日ソ連当局に呼び出され、そこで通達されたのは、近衛招聘ではなく日本に対して発せられた宣戦布告だった。

第六章　敗戦からシベリア抑留

ソ蒙軍の越境攻撃

ソ蒙軍がソ満国境から突然侵入したのは一九四五（昭和二〇）年八月九日午前零時のことだった。突然という言い方は正確ではない。すでにその予兆は至るところにあらわれていたからだ。開戦四か月前の一九四五（昭和二〇）年四月、日本のモスクワ陸軍武官室は、補佐官だった浅井勇中佐をシベリア鉄道経由で帰国させているが、浅井は、シベリア鉄道の車中至るところで欧州戦線から極東戦線へ移送される兵員や戦車、装甲車両を乗せたおびただしい数の軍用列車の群れを目撃している（防衛庁防衛研修所戦史室編『関東軍』2、三二五頁）。しかも彼はチタ（シベリア南部）から満洲国入りした後の五月、関東軍総司令部に赴きその実情を報告したが、関東軍側は、ソ連軍の兵力を浅井の三分の二程度に見積もっていた（同上書）。その分、関東軍はソ連軍の増強状況を過小評価していたことになる。八月近くになると西部、北部、東部の国境守備隊司令官は国境に充満するソ連軍の将兵の展開を目撃して、開戦の危機間近しとする報告を関東軍参謀総長あてに打電していた。

こうした報告は、すべて無視されていた。しかし一九四一（昭和一六）年の太平洋戦争以降主戦場は南太平洋と東南アジアの英米戦に移り、北辺の対ソ戦線は副次的となった。関東軍は、一九四三（昭和一八）年以降、熾烈化した南方戦線を防衛するため次々と主力師団を南方へと抽出していった（関東軍部隊の南方戦線抽出状況に関しては、拙著『関東軍とは何であったのか』末尾付表を参照）。迫りくる緊迫した緊張状況のなかで、関東軍中枢は開戦が近いという判断は共通だったが、いつ戦闘が始まるか、という時期の予測には相当の幅があった。一九四五（昭和二〇）年八月から九月までと読む第五課（ロシア課）と、米軍の本土上陸開始後の四六年秋頃とする第一二課（戦争指導課）が鋭く対立した。全体的に総司令部は、ソ連軍の攻撃は早くて夏、遅ければ四六年春と推測していた。

一方、ソ連軍は一九四五（昭和二〇）年六月に対日戦略基本構想を決定したが、それによれば満洲進攻作戦の開始は八月二〇日から二五日とされていた。ところがアメリカが七月一六日に原爆実験に成功し、その報がソ連のスターリンに伝えられると、彼は極東ソ連軍総司令官ワシレフスキーに電話し、対日攻撃日を一〇日間繰り上げることを要請した。当初無理と回答していたワシレフスキーも八月六日に広島に原爆が投下されると、その報を受けて対日攻撃を八月九日から一〇日に実施すると変更した（中山隆志『ソ連軍侵攻と日本軍』国書刊行会、一九九一年）。日本が降伏する前に満洲へ侵攻しこの地域を占領、奪取する必要があったからである。

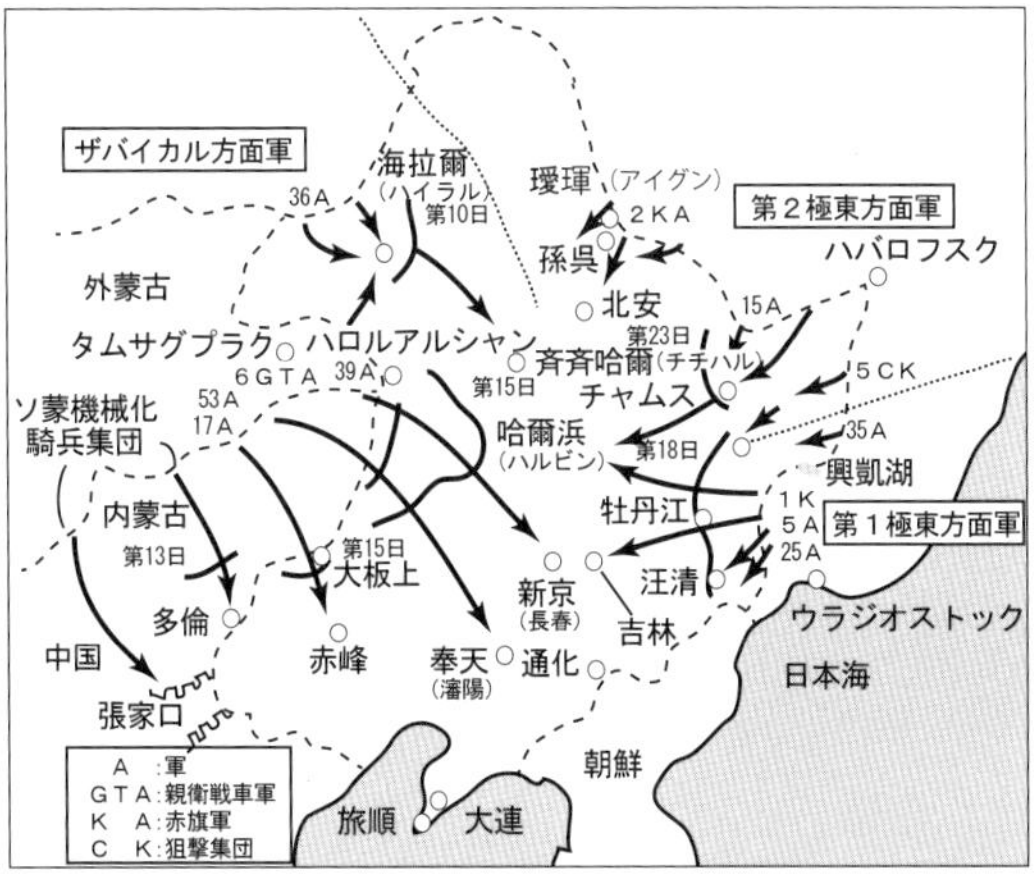

ソ連軍の作戦構想（中山隆志『関東軍』〈講談社、2000 年〉をもとに作成）

ソ連軍がソ満国境に集結した兵力は総勢一七四万名、砲二万九八三五門、戦車・自走砲五二五〇両、航空機五一七一機、対する関東軍は、総勢七〇万名、砲一〇〇〇門、戦車・自走砲二〇〇門、航空機二〇〇機（同上書）であった。兵員数こそ日本が一に対し、ソ連は二・四と三倍以内に収まったものの、砲は一対三〇、戦車・自走砲、航空機はいずれも一対二六とその差は隔絶していた。ソ連軍は満洲国の西正面を主戦場に、東からがそれに次ぐ戦場であり、北正面からが東西両決戦軍を支援するという作戦を展開した。

すでに述べたように、ソ満国境での日ソ両軍の緊張状態とその動きを知っていた日本人は、関東軍上層部の一握りの軍の上層部だけであった。否、当時の在満日本人は戦争の気配すら感じられなかったという。しかし中国人や朝鮮人、そして白系ロシア人などは、事前に日ソ両軍の戦争勃発の情報を入手してその対策をとっていた。しかし、ソ連との戦闘状態になった八月九日のその日に至ってもまだ日本人が具体的な動きを見せていなかったという記述に接すると、関東軍の情報統制の強さに驚愕するし、在満日本人の頭のなかに刷り込まれた「無敵関東軍」の宣伝の徹底ぶりにこれまた驚く。

例えば、先に紹介した杉山公子の回想によれば、ハルビンでは戦端が開かれた八月九日の夕方から中国人は家財を大車（大八車）に積み上げて、ハルビンの中国人同胞の居住地区である傅家甸《フージャーデン》へと移動を開始した。その動きは時を追って激しくなり、深夜になっても大車の騒音は絶えなかったという。白系ロシア人も、商売などそっちのけでキタイスカヤをのんびり歩く日本人を興味深げに観察していたという（前掲『哈爾賓物語』一八九～一九〇頁）。日本人には対ソ戦に備える個人的動きも組織的行動も何ら見られなかった。

ソ連軍が侵攻した際、関東軍のハルビン防衛司令官は日本人の疎開を勧告したが、宮川舩夫ハルビン総領事が残留を決定したため集団的疎開は実施されなかった。しかし、浜江省の周辺地域からソ連軍に追われた避難民がハルビンへ殺到し、瞬時にその数が八万八〇〇〇人に達したため、浜江省次長としてハルビンにいた田村は、救済不能状況で混乱に陥ったという（満蒙同胞援護会『満蒙終戦史』一九六二年、一三六頁）。崩れ出すと一気に崩れていく状況が垣間見られる。

混乱のなかで一九四五（昭和二〇）年八月一五日、田村は重大放送があるというので宮川総領事のもとを訪れ、そこで日本政府がポズダム宣言を受け入れ連合国に降伏した旨の「玉音放送」を聞いた。田村は当時を回想し、「重大放送を聞いて宮川総領事の公邸で共に手を取って男泣きに泣いた」、「自分の夢がガラガラと崩れた」（『進路』第三巻第七号、一九五六年七月、一五頁）と述べている。外務省きってのロシア通でロシア語が堪能だった宮川は八月一九日に秦彦三郎《はたひこさぶろう》総参謀長、瀬島龍三《せじまりゅうぞう》参謀と共にジャリコーウォのソ連極東第一方面軍司令部に赴き、ソ連極東軍総司令官ワシレフスキー元帥ら軍首脳と停戦会談を行っている（前掲『関東軍』2、四六六頁）。

一家離散

ソ連軍は一九四五（昭和二〇）年八月二〇日にハルビンで関東軍の武装解除を実施し始めた。そして二二日にはソ連軍本隊がハルビンに進駐し、満洲国政府機関の機能は停止した。九月七日田村はハルビンでGPU《ゲーペーウー》（国家政治保安部、秘密警察）に逮捕され、日本憲兵隊地下室の留置所に放り込まれ、四、五人の白系ロシア人と同居をしたという（『進路』第三巻第七号、一九五六年七月、一五頁）。

進駐したソ連軍の紀律は悪く、略奪や強盗行為などが日常茶飯で、多くの日本人が被害を受けた。ソ連軍進駐下のハルビンで難民救済にあたった元満洲拓殖公社開拓部長の益満四郎は、ソ連兵に時計、万年筆を略奪され、シベリア送りの日本人「男狩り」の混乱、北満から流入する日本人避難民の激増、近づく冬の寒さと物資不足、病人は増加し「栄養失調に陥ったり、下痢患者がふえて、抵抗力の弱い乳幼児の死亡が目立ってきた」と回想している（前掲『あゝ満洲』八二三頁）。

ハルビンも混乱のさなかにあった。田村がソ連軍に逮捕された後、妻の千枝子は、子供を連れて引揚げを開始した。千枝子は三八歳、長女は一九歳、長男は一六歳だった。妻の千枝子は、生活環境が激変するなかで病気となり、一九四五（昭和二〇）年一二月にハルビンで病死することとなる。帰国後、田村が記した「引揚者在外事実調査票」（一九五六年八月三一日）には「田村千枝子　妻　三八歳　昭和二〇年一二月一八日死亡　死亡場所　ハルピン市」とだけ記述されている。『満蒙終戦史』の記録は、以下のように綴っている。「避難者は〈ハルピン〉市内三百個所を超える収容所に入り、在住一般人約七三〇〇〇人とともに越冬したのであったが、越冬中に凍死、疾病で難民の死亡者は約一二〇〇〇名の多数に上り、在住日本人からも約三〇〇〇〇人を出し、合計一五〇〇〇名の死亡者を出した」（一三六頁）。いかに悲惨な状況だったかは、その死亡者の数値が物語る。

コロ島にある日本人引揚げの碑。満洲にいた105万人が同地から日本に向かった（著者撮影）

田村の子供たちは、想像を絶する厳しさのなかで一九四六（昭和二一）年八月にコロ（葫蘆）島から永徳丸で佐世保へ引揚げてきた。帰国後、長女は母親の実家がある東京に身を寄せ、長男は、父親の実家である京都府夜久野の田村秋夫さんのところに一時身を寄せた。「煤で顔を真っ黒にして現れました。列車の長旅の苦労が顔に出ていました。二年ほどこちらにいて、炭焼きや畑仕事など手伝っていましたが、一九五〇年に田村敏雄が帰国したという報を受けて東京に戻っていきました」と秋夫さんは当時を回想する。

シベリアから中央アジアへ

他方で一九四五（昭和二〇）年九月初めにハルビンでソ連軍に逮捕された田村は、しばらくハルビンの収容所に留め置かれるが、同年一二月満州国政府関係者と共に一団をなしてシベリアに送られることとなる。最初は「ダモイ（帰国）」という言葉に騙されて、喜び勇んで貨物列車に乗車した。すでに北満は冬の真っ盛りで、雪嵐の極寒のなかでの列車移動であった。狭い貨車に荷物のように詰め込まれ睡眠はおろか用便もままならぬすし詰め状況での汽車移動だった。汽車は東満国境の綏芬河《すいふんが》を通過したので、そのままウラジオストク経由で帰国するものとすべてのものが信じていた。

一二月一三日にロシア東南端にある沿海州のグロデコヴォに到着、そこで収容所に入れられた。グロデコヴォというのは、ソ満国境の綏芬河からソ連領に入ってすぐの町である。しかし、ここには数週間程度とどまっただけで再び貨車で旅を続けることとなる。しかし、東進して日本海に向かうと思いきや、田村たちの期待を裏切って、逆に汽車は西方へと向きを変えて、シベリアの荒野をひた走りに走り続けた。中途で車窓に海と思しき広大な水面が現れ、全員が日本海に到着したと思い歓声を上げたが、日本海ではなくシベリアを代表する湖、バイカル湖だった。琵琶湖の四六倍の広さをもつアジア有数の巨大な湖を日本海と勘違いしたのも無理はない。ましてや望郷の思いに固まっていた抑留者たちがそう思うのは無理からぬ話であろう。

汽車の西行はここで止まらない。ＣＩＣ文書によると、田村たちを乗せた汽車は、シベリア鉄道をさらにチタから、イルクーツク、クラスノヤルスクを経てノボシビルスクまで行き、そこから分かれて南下してカザフ共和国（現カザフスタン共和国）に達し、一九四五（昭和二〇）年一二月中にカザフ共和国のウスチ・カメノゴルスク収容所に送られている。

一九四五（昭和二〇）年暮れに到着したウスチ・カメノゴルスクの現在名はオスケメン。ここはカザフ共和国の東端でモンゴル共和国との国境に近く、ザイサン湖から流れ出るエルティシ河とウルバ河のほとりの町である。この河は合流してオビ河となって北極海へと注ぐ。田村は、ここで一九四五（昭和二〇）年一二月から四六年九月までの九か月間を過ごしている。

田村は、このウスチ・カメノゴルスク収容所に収容されたときの状況を戦後のシベリア抑留手記として残している。やや長くなるが、紹介しておこう。

「一九四六年四月中旬、ウラルの伐採地区から、カザヒ〈フ〉共和国のウスチ・カーメノゴルスクのラーゲリに移って間もない頃のことだ。雪のウラルから、大地の肌のあらわな土地に来てどんなにうれしかったか、ダモイ〈帰国―引用者〉だと白系ロシア人たちから羨しがられ、ハルピンの家族への伝言を頼まれたことが、フイになった失望はすぐにあきらめがついて、何よりも暖い土地へ来た喜びが大きかった。特に一冬中、青い野菜に全く飢えかつえていた一同にとって、ラーゲリ内に目を出して来る雑草は、天与のたまもののように思えた。カランチン〈検疫期間で二、三週間の休暇があり、この間柵外労働がない暇なとき―引用者〉中は、誰も彼も小さなへらをもって、草の芽を掘り取って食べた。やがて営外作業がはじまると、あかざ、あおざの類をつみとって、ゆがいて食った。小銭のある連中は、ねぎの青いのを買って来て、生のまゝかじった。あおざによく似た草を喰って中毒して、頭が変になったものも出た。とにかくビタミンCが足りぬ、ビタミンCを補いたいというような栄養学的な気持ちもあったろうが、何よりもただで、もしくは極めて安価に腹のふくれる食物として、雑草や青ねぎが大変重宝がられたわけである。収容所側では雑草を喰って中毒したものが出て以来、草をくってはいけないと厳命したが、われわれはそんな命令には一顧も与えず、依然として青草をあさった」。（田村敏雄「捕虜と食物」『ソ連研究』第五巻第五号、一九五六年五月、四〇頁）

田村は、「ウラルの伐採地区から」ウスチ・カメノゴルスク収容所へ来たこと、そして「雪のウラルから、大地の肌のあらわな土地に来てどんなにうれしかったか」、と書いていることを考えると、一九四五（昭和二〇）年暮れから四六年初頭にかけてウラル地域の収容所に送られ、そこにしばらく労役に服した後で、四六年春にウスチ・カメノゴルスク収容所へ来たようだ。田村は、このウラル地域の収容所に関しては何も語っていない。しかし、それは内務省直轄の北ウラルの収容所ではなかったか。詳細は不明だが、田村はそこで数か月を過ごしたのである。したがって、ウスチ・カメノゴルスク収容所に移動した時期を一九四六（昭和二一）年四月中旬と記述しているが、後の梅里助就の記述などと照合してみるともう少し早い時期ではないかと思われる。ともあれ、田村は、この手記のなかで「ひもじさと寒さと恋をくらぶれば恥ずかしながらひもじさが先き」といった古狂歌を紹介したり、食糧分配の際の兵隊の真剣なまなざしを「匙もとに一千人の眼が光り」と評したりして、食へのこだわりを語り、他の抑留者同様、田村も飢えの苦しみを味わっていたことがわかる。

同じシベリア抑留者の梅里助就もウスチ・カメノゴルスク収容所に収容されている。彼は、一九四六（昭和二一）年三月にウスチ・カメノゴルスク収容所に到着し同年九月までここで過ごしている。梅里たちが収容所に着いたとき、すでに「ハルピン組と称する約五百人の一団が到着していた」（梅里助就『ソ連抑留回想』学苑社、一九八六年、五六頁）というから、それは、おそらく田村たちの一団を指すのであろう。梅里はこの収容所で、川を使って上流から運ばれてくる木材の揚陸作業を行っていて、その作業中に両股骨折の大けがをしている。ここで田村がどんな作業に従事したかは定かではないが、おそらく梅里同様、こうした材木運搬の様な労務に従事したのではないか。その後田村たちは、一九四六（昭和二一）年九月から翌四七年五月まで八か月間をウズベク共和国（ウズベキスタン）のシーバス収容所で過ごしている。

収容所を転々

田村は、一九四七（昭和二二）年五月からフェルガナ収容所へ移され、四八年一〇月まではここで抑留生活を送った。フェルガナは、ウズベキスタン東端の地域であり、天山《てんざん》、パミール山系に囲まれた盆地で、ウズベキスタン、タジキスタン、キルギスの三か国が入り組んだ境界地域である。そして、ここは、かつてのシルクロードの重要拠点であり、かつ漢の時代から名馬を産した土地としても知られていた。田村はこの地に約一年半を過ごしたことになる。先に紹介した梅里もフェルガナで過ごしている。付近のアルコール工場やコルホーズ（集団農場）に作業に行ったという（同上書、九一頁）。

中央アジアの収容所の所在地

　このフェルガナで、梅里は、闘病中に「民主運動」の機関紙「日本新聞」が送られてきて、ここフェルガナでも「何人かのグループが運動を始めかけているようであった」（同上書、九六頁）という。梅里は、このフェルガナの街は、「街路には石が敷きつめられ、街全体が大きな森林のようで、主にアカシヤに似た大木が、街路の上空で枝を交叉する程に繁っており、家は其の樹木の間から所々に姿を見せていた。又何条かの清流がさらさらと音をたてて流れている所もあり、日本では見られないような一種独特の風致をもつ静かな街だった。遥か東南の方には、天山山脈であろうか、或はパミール高原の山々であろうか、雪を頂いた青い山並みが鋸の歯のように延々と連なっているのが見える」（同上書、九七〜九八頁）街であった。田村は何も記録を残してはいないが、彼も梅里同様にあるときは工場労働者として、またある時はコルホーズへ農作業の手伝いに行ったのではないだろうか。

その後、タシケント収容所に移っている。ここでの収容期間は数日間から一〇日前後とごく短く、次にウズベクのペガワード収容所に移っている。ここでは一九四八（昭和二三）年一〇月から二か月ほどいて、再びタシケント収容所を経て四八年一二月からアングレン収容所へ移動し、そこで四九年六月までの半年間を過ごしている。この間、例によって田村は何の記録も残してはいない。

しかし、タシケントには、現在日本人捕虜が建設に携わったアリシェル・ナヴォイ劇場が遺されている。今でもソ連時代に建設された街路樹の軒並みが続く広い道路を抜けるとこのナヴォイ劇場に行きあたる。正面には噴水が湧き出た三つの大きなアーチの門をもつこのナヴォイ劇場の左側の壁にはめ込まれたレリーフには建設にまつわる一文が残されている。それによれば、この劇場は一九四五（昭和二〇）年から四六年にかけて極東から強制移住させられた数百名の日本人によって建設されたことが刻まれている。バレエやオペラが楽しめるこの劇場は、多くの日本人抑留者の汗と涙の結晶物なのである。この建物を一躍有名にしたのは、一九六六（昭和四一）年にタシケントを襲った地震である。多くのソ連時代の建物が倒壊するなかで、このナヴォイ劇場はびくともしなかったといわれている。むろん、田村がタシケントに来たのはこのナヴォイ劇場が完成した二年後のことだから彼はこの劇場の建設にはかかわってはいない。しか

日本人捕虜が建設に携わったナヴォイ劇場（榎本勇太氏撮影）

し、タシケントの街には、この地に命を落とした日本人戦争捕虜の墓地がある。田村の友人の何人かもこの墓地に眠っているのであろう。

田村は、タシケントの後、アングレン収容所に移動している。このアングレンには炭鉱があり、多くの日本人捕虜がここで就労していたが、ここに収容されていた村上修二によれば、アングレン収容所では、土煉瓦班、住宅建設班、運河掘削班、架橋班、鉄道敷設班、炭鉱班、石割班、パン工場班、電工班、運転手班などの班別編成になっていて、抑留者たちは様々な作業に従事していたという。土煉瓦班は、住宅の壁用の煉瓦を作る作業だし、住宅建設班はロシア人用の住宅を建設する作業だった。石割班というのは、建築石材をとり出す砕石作業で、作業機械が導入されていたとはいえ、重労働で作業に伴う危険性は高く死亡事故を起こすこともあったという(ソ連における日本人捕虜の生活体験を記録する会編『捕虜体験記』(5)中央アジア篇、一九八六年、二六二〜二六六頁)。

その後、田村は、一九四九(昭和二四)年九月からガラガンダ収容所に移動し、四九年一一月までの二か月間をここで過ごした。ガラガンダは、ソ連有数の埋蔵量を誇る炭田地帯であり、ガラガンダはその中心都市で、「炭都」(同上書、七一頁)であったから、田村は、炭坑関連の作業に従事したのであろう。この後、一九四九(昭和二四)年一一月にはナホトカに移動して、ここで二か月過ごした後、海路帰国の途についている。

ソ連のエージェントに

こうした目まぐるしいばかりの移動は、田村だけではなく、他の高級軍人や政府高官たちも同じだった。瀬島龍三なども頻繁に移動をしていた。しかし瀬島たちは、一九四五（昭和二〇）年暮れから帰国する五六年八月まで、東京で開催された極東国際軍事裁判に出廷するために日本に帰還した四六年八月から一一月までの一時期を除けば、ハバロフスクとその郊外の収容所を転々とする抑留生活を送っており、遠く中央アジアまで連行された田村らとは違っていた（瀬島龍三『幾山河　瀬島龍三回想録』産経新聞ニュースサービス、一九九五年、二九〇～二九一頁）。

この間の具体的生活に関する田村の記録はない。しかし、多くの著作や回想録が指摘するように、田村もまた黒パンと水のような薄いスープの支給で餓死の恐怖と闘い、体力を消耗させせながらの木材伐採や道路建設、鉄道敷設、採炭といった重労働と「作業ノルマ」の達成、シベリアや中央アジアの冬の寒気を防ぐにはあまりに粗末な衣服とシラミと蚤がまつわりついた不潔な下着、そして丸太小屋の宿舎とそのなかの狭い蚕棚のような数段構えのベッドでの生活、そんななかでのわずかな余暇を利用した芝居、音楽会、絵画展、句会などの文化活動、といった生活を余儀なくされたことは疑いない。そうした劣悪な衣食住環境のなかで、「民主化闘争」という名の共産主義教育の嵐が吹きまくった。その時、田村がいかなる対応をしたのかは定かではない。ただし、満洲国高官だった田村は、ソ連側から捕虜のリーダーとして何らかの期待をされていたことは間違いない。しかし、彼はソ連式の共産主義にはついていけずに疑問視をし続けていたことは『進路』の随想のなかで知ることができる。

田村は、収容所に入れられていた間に三回ほどソ連側の尋問を受けたといわれる。ソ連軍の少佐により朝鮮人の通訳を同伴して尋問が行われたという。調べられたことは主に協和会関係のことで、戦犯として認めさせようとしたものと思われる。田村は協和会とは直接関係はしていないが、満洲国政府の高官としては、何らかの接触があったことは間違いあるまい。その過程で、田村はソ連のエージェントになることを強要され、エージェントに従事する誓約書に署名することを求められている。限界の抑留生活のなかで、その署名がもつ意味など深く考える余裕がないままにサインし、帰国後の連絡の合言葉を確認させられて、帰国が約束されることとなる。彼のコードネームは「フジ」と決められた。

田村と同じような呼び出しを受けたシベリア抑留経験者に鈴木省五郎がいる。彼はシベリア抑留中に「民主化運動」に参加したが、帰国後ソ連のエージェントとして活動することを求められた、とある。田村と同じような状況だったと思われる。彼は、その間の事情を次のように記している。アムール川下流の港湾都市、コムソモリスク近くの収容所にいた頃、午後の作業に出かけようとしていたとき、急に呼び出されたという。そこで帰国後に反米活動をすることを求められたという。「・・・・中尉はゆっくり汗を拭いて、鞄から一枚の書類をとり出した。みれば、日本文で書かれた誓約書である。私はていねいに読み返し、文中、意味の通じない部分を修正し、次に肝心の私の主張する協力のための前提条件、すなわち、ソ連の日本民族の解放方針が飽くまでも日本民族の利益を主とする私の考えと一致するものならば、という文章を補足させて署名した」（鈴木省五郎『ダワイ・ヤポンスキー』創造、一九七六年、一六一頁）。その後、鈴木のコードネームを決めて会見は終了したという。おそらく田村の場合も同じように誓約書に署名を求められたのではないか。そして彼は、帰国と引き換え条件でソ連に協力する誓約書に署名をしたのであろう。

第七章　帰国、そして冷戦の激流のなかで

高砂丸で帰国

田村は、一九五〇（昭和二五）年一月にナホトカを出港し舞鶴に入港した引揚船の高砂丸で帰国した。日本を離れたのが一九三二（昭和七）年七月だからその後折にふれて帰国することはあっただろうが、本国に戻ってきて祖国の土を踏むのは一八年ぶりのことだった。

帰還船が日本に近づくと、あるものは船窓から、またあるものはデッキに走り出て水平線に浮かび上がる日本の山々の景色を見つめた。そして、「お伝えします、船首前面に見えますのが母国の山影です」という船内アナウンスに全員が心躍る思いだった。そんななかに田村の姿もあった。高砂丸はゆっくりと入りくんだ湾を舞鶴港に向かって進み、停泊後まず、病人が担架で運び出された。その後で皆はタラップを踏みしめて艀《はしけ》に乗り移り桟橋に上陸した。下船後は、検疫でＤＤＴが吹きかけられて全身が消毒された後、大浴場で大

陸の垢を落とした。入浴後、新たに支給された下着、衣服を着用して援護局で事務手続きをし、三日から四日引揚げ援護局の寮に泊まって事務手続きを終えると、郷里までの旅費、二、三日分の食料の支給を受け、舞鶴からの引揚列車で故郷へと散っていった。

この高砂丸での帰国に関して、一九五〇（昭和二五）年一月二二日付『朝日新聞』は、「高砂丸入港　きょう上陸」に続いて「引揚者二千五百名を収容した本年初のソ連引揚船」だと報じていた。この引揚船では「歌わず、踊らず　高砂丸の引揚者　静かな帰還ぶり」（同紙、一九五〇年一月三〇日）とし、この引揚船に乗船した引揚者たちは全体的に保守的で「手に、胸に『日の丸』高砂丸きのう全員上陸」（同紙、一九五〇年一月二三日）

ソ連からの引揚船・高砂丸。写真は前年の引き揚げ再開第１船（1949 年６月２７日撮影、朝日新聞提供）

だったと伝えていた。

というのは、約半年前の一九四九（昭和二四）年六月、同じ高砂丸は二〇〇〇人の復員者を乗せてナホトカから舞鶴に入港したが、その時は、労働歌を歌い、隊列を組んで出迎えの肉親にあいさつもせずに仲間と共に行進する「筋金入り」の帰還者たちが多く、彼らのうち二四〇人が帰国後そのまま日本共産党に入党した。「われわれは筋金入りのコミュニスト」と演説したことから「筋金入り」が時の流行語となった。こうした半年前の喧騒の帰還時とは一変して静かな雰囲気での帰国だったというわけである。舞鶴から田村の故郷の京都府夜久野まではさほど遠くはない。しかし、彼は郷里に寄ることもなく東京へ直行したのである。

田村が、舞鶴に入港する帰還船から久しぶりに眺める日本の風景はいかがなものだったか。いまは彼の心境はうかがい知れないが、一変していた祖国に驚愕の感情を抱いたに相違ない。汽車で舞鶴から東京に向かう車窓に映る景色はあまりに違っていたので、別の国に帰ったかの感を抱いたかもしれない。東海道線の沿線は、米軍の空襲で家は焼け落ち、橋は破壊され、主要な駅の周辺は焼け野原となり、わずかに駅前の闇市の雑踏だけが、復興の息吹を感じさせるだけだった。敗戦から五年が経過していたが、戦争の傷跡は日本の国土に深く刻み込まれていた。

東京に着いて最初に手掛けたのが家探しだった。空襲で焼け野原となった東京での借家探しは困難を極めたが、やっとのことで杉並区井荻《いおぎ》に借家を見つけ、旅装を解いたのは帰国後ほどなくたってからだった。しかしこの家に住んだのも数か月足らずで、田村は中野区江古田に新しい借家を見つけてそこに移り住んだ。そして一九五二（昭和二七）年七月に大蔵財務協会に職を得たときには、渋谷区代々木山谷町に一軒家を購入して、そこに家族と住むこととなる。

田村が落ち着いた場所は渋谷区代々木山谷町（現在の代々木一辺り）。丁目や番地の変更が激しかったなかで、この地区だけは現状のままである。代々木駅の東口を出てまっすぐにあるコインパーキングを左に折れた坂道をそのまま行って神宮外壁にぶつかる右側の一角辺りである。ビルの間に比較的古い家が残っているが、そこを訪ねて田村敏雄のことを尋ねても、知る人はいない。東京オリンピック頃から住んでいるという住民が数軒残っているが、いずれも田村のことは皆知らないというのだ。時間の経過を嫌というほど認識させられる瞬間である。いずれにせよ、満洲生まれの長男と長女は、ハルビンで母を亡くした後、苦労してハルビンからコロ島に出て、そこから引揚げてきたが、やっと家族一同同じ屋根の下で過ごすことができるようになった。そこで田村は、再婚した。

田村は、日本帰国後にＧＨＱのＣＩＣ（参謀第二部の対敵防諜部隊）から呼び出しを受けている。田村の場合はＣＩＣの調書がナショナルアーカイブス（米国立公文書記録管理局、ＮＡＲＡ）に残っているので、その概要を知ることができる。ＣＩＣから呼び出しを受けたのがいつであったかははっきりしないが、引揚げ後さほどの時間は経っていなかったと思われる。ＣＩＣの事務所に呼び出しを受け、壁の前に立って前、横から写真撮影を受けた後、シベリア抑留時期の概要や活動状況に関して細かい尋問を受けた。アーカイブスに残された記録から判断するとシベリア抑留期間中の収容所移動状況やその間に起きた事件や動きに関する事情聴取だったと思われる。

田村と同じようにＣＩＣから呼び出しを受けたシベリア抑留経験者に、先に挙げた鈴木省五郎がいる。彼も田村同様シベリア抑留中にソ連のエージェントになることを強要され誓約書に署名した人物の一人だった。呼び出しを受けた彼は、郷里の宮城県から上京し東京の郵船ビル五階の大会議室に呼び出されたという。そこには一〇〇人近いシベリア帰りの軍人、軍属、民間人が集められ、尋問を受けていたという。尋問の内容は、彼の三年間のシベリア暮らし、収容所での概況説明や収容所があったロシアの街の概況、さらにはそこにあった建物の大きさなどに至るまで細かい質問も含まれていた。そして尋問は三日に及んだという（前掲『ダワイ・ヤポンスキー』二七二〜二八七頁）。

池田勇人大臣の紹介で就職

帰国後の緊急課題は職探しであった。満洲から無一文で引揚げてきた田村に蓄えがあるわけではなく、また強力なツテがあった訳ではない。一時期田村は、桜沢如一（思想家、マクロビオティックの提唱者）らと共に世界連邦運動に首を突っ込んだこともある。桜沢も田村と同世代、同じ京都府出身で、貧困のなかで独学で食による長寿法を提唱し、戦後は世界政府協会を組織し、世界連邦運動に取り組んでいた。その運動過程で、一九五〇（昭和二五）年に田村は桜沢と共訳でＦ・Ｓ・Ｃ・ノースロップの著作『東洋と西洋の会合』（時論社）を出版している。しかし何といっても食っていけないのである。職の紹介を頼むとすれば、かつての古巣の大蔵省の仲間しかいない。彼は大蔵省同期の山際正道が日本輸出入銀行の専務理事であることを知り、面談を乞うと、同期の池田勇人が大蔵大臣だから「池田に会いに行け」（前掲『総理の品格』二五頁）とのアドバイスを受けた。

池田勇人が病になり満洲行きの選から外れたことは前述した。その後、満州派遣組に華やかなスポットライトが当たるなかで、池田は鳴かず飛ばずの役人生活を送り、一九四一（昭和一六）年に四二歳で主税局国税第一課長に、四四年に東京財務局長、そして四五年に四五歳で主税局長となり終戦を迎えた。池田が歴史の舞台でスポットライトを浴びたのは、池田より上の上司が敗戦後に戦犯もしくは公職追放を受けて失職するなかで、大蔵官僚のトップに躍り出たからである。一九四七（昭和二二）年に大蔵次官を最後に四八年に退官、四九年の衆議院選挙で初当選を果たし、第三次吉田内閣で大蔵大臣に就任、通産大臣を兼任している。池田はドッジライン推進で重要な役割を演じ、一九五一（昭和二六）年九月のサンフランシスコ講和会議には全権委員として参加した。一九五二（昭和二七）年一〇月からの第四次吉田内閣時には通産大臣として入閣するが、一一月「中小企業の倒産・自殺もやむなし」と発言、通産大臣を辞任している。

とまれ池田は時の権力者、大蔵省の出世頭だったので、彼にすがったわけである（前掲『総理の品格』二五頁）。池田に連絡すると「大蔵財務協会」の理事長ではどうか、という返事が届いた。池田の強力な推薦で、田村は一九五二（昭和二七）年七月大蔵財務協会に理事長として就職する。今でこそ大蔵財務協会といえば出版、公益事業などを通じて日本の経済発展、租税教育活動を目的とする大蔵省の有力な外郭団体の一つであるが、田村が理事長に就任した一九五二（昭和二七）年頃は、さほど制度的に整備されていたわけではなく、大蔵省の共済活動などを担当する一組織で、多くは本庁の課長クラスのスタッフが理事長を兼任していた。しかしシベリアから帰国後に何の手づるもない田村にとって、このポストは、定収入の確保という意味で、まずは一安心できることとなったのである。

当時の大蔵財務協会は、週刊で「税のしるべ」「国税速報」などを発行していた。田村は、その総責任者として、理事長の地位に就いたのである。つまり当時の理事長は、定期発行機関誌の編集長といったポストだった。

財政演説をする池田勇人大蔵大臣（1949年11月15日撮影、朝日新聞提供）

ラストボロフ事件

田村は、帰国後は東京に居を構え、最初は杉並区井萩、それからほどなくして中野区江古田、そして渋谷区代々木に居を変えたことは前述した。これを前後してソ連側の接触が始まる。アメリカ公文書館資料によれば、一九五一（昭和二六）

年四月にコーカサス人二名が中野区江古田の自宅を訪問し、その後はソ連大使館二等書記官のラストボロフが直接田村に接触してきたという。田村はラストボロフから入手情報の指示を受け、その後田村が集めた日本側の情報をラストボロフに手渡した。毎月第三木曜日が接触日だったという。

ラストボロフとは一九五一（昭和二六）年四月から九月までは帝国劇場前の路上で、五一年一〇月から五二年一一月までは信濃町駅前の路上や新宿の日活劇場付近で、五二年一二月から五三年二月までは千代田区の三菱ビル付近の路上で接触、情報を提供すると同時に次回までに提供すべき情報の種類などの指示を受けた。一九五一（昭和二六）年一〇月から五二年一一月まで毎月平均二万円、合計二六万円の報酬を受けていた。国家公務員の大卒初任給が六五〇〇円（人事院資料）の時代である。少ない額ではなかった。多くは路上での接触で、田村が狸穴《まみあな》（麻布狸穴町）のソ連代表部で指示を受けたのは僅かに二回に過ぎなかった。そのうち一回は、田村が富士山麓に小コミュニティ風の国際問題研究所を作る予定があり、五〇万円を三か月以内に返却する予定で借用するためだった。

ソ連側は、田村に大蔵省や財界関係の情報の提供を求めた。田村は、大蔵財務協会で得た情報を提供し、政府要人の名を挙げて提供情報の重要性を強調した。また時には新聞情報を重要情報だと強調して彼に手渡した。ソ連側は、しばらくして田村の提供資料が機密価値のないことに気づき、一九五三（昭和二八）年二月頃に田村との接触を断った。

田村と接触していたソ連大使館のラストボロフが失踪事件を引き起こし、「ラストボロフ事件」としてマスコミの注目を浴びたのは、田村とラストボロフの関係が切れた一年後の一九五四（昭和二九）年一月のことだった。事件の発端は、彼が突然東京から姿を消したのである。一月二八日付（夕刊）の「朝日新聞」は、三面下段にラストボロフの写真を掲げ、「元在日ソ連代表部書記官、姿消す」と題して彼の失踪を報じた。新聞報道によれば、一月二七日に麻布狸穴にあったソ連代表部のザベリエフが警視庁防犯部を訪ね、ジュリー・A・ラストボロフの捜索願を出したという。捜索願によれば、ラストボロフは、一月二四日夕刻から行方不明となり、消息がつかめないというのである。ラストボロフは、最近神経衰弱気味で、自殺の恐れがあるとのことであったが、政治亡命の可能性もあるという見方で捜索を開始したことを報じていた。

警視庁は、このラストボロフ失踪事件に関して、①捜索願通りラストボロフは神経衰弱で失踪した、②ソ連内で副首相兼内相として権力を振るっていたラヴレンチー・ベリヤの失脚に伴い彼も処分される危険性を察して政治亡命した、③ラストボロフは以前から米情報機関と接触しており、それをソ連情報機関に追及されるのを恐れて米情報機関に身柄を預けた、という三つのシナリオを想定している、と新聞記事は報じていた。

その後の動向は、ようとして行方知れずであったが、同一九五四（昭和二九）年八月に彼はアメリカのワシントンで記者会見を行い、アメリカに亡命したことを明らかにした。同年八月一四日付（夕刊）の「朝日新聞」が突如「ラストボロフ事件の真相　外務省・公安調査庁共同発表」なる記事を掲載した。その中身は、失踪したといわれたソ連大使館のラストボロフ二等書記官は、実はソ連軍の陸軍中佐で、日本で情報任務にあたっていた。しかし、一月二四日自発的に米当局に保護を求めてきた。米当局は一月二六日同人を米軍用機で海外に連れ去った。この点は、二七日に米側から日本側に連絡があった。この件と関連して若干の日本人が自首してきたが、そのなかには政府高官はいない。これが新聞発表だった。アメリカはラストボロフの政治亡命を承認すると同時に同氏の出国に関して日本政府と事前に協議しなかったことに関して日本政府に遺憾の意を表明した。そして記者団との間で以下のような質疑が交わされた。

田村と関連するところを抜粋すれば以下の通りであった。

（「記」－記者団、「ラ」－ラストボロフ）

（記）問―情報はどこからとっていたか。
（ラ）答―日本政府を含む各種団体の人々からだ。
　日本の新聞を読んで判断したことも多い。

日新聞（夕刊）昭和29年（1954年）8月14日（土曜日）第24612号（日刊）
朝日新聞 夕刊
朝日新聞東京本社
ラストボロフ事件の真相
外務省・公安調査庁 共同発表
書記官、実は陸軍中佐
日本で情報任務に
若干の日本人自首
政府高官には関係なし
共同発表
ラストボロフ氏
外相

ラストボロフ事件を報じる朝日新聞（1950年8月14日付夕刊、国立国会図書館所蔵）

（記）問―政府というのは官吏か。
（ラ）答―そうだ。
（記）問―どういう官吏か。
（ラ）答―余り高級とはいえない。中級といっておこう。
（記）問―日本共産党とは連絡取っていたか。
（ラ）答―とっていなかった。
（「朝日新聞」一九五四年八月一四日付夕刊）

　ラストボロフは、情報提供者としては官吏だが、「余り高級とはいえない。中級といっておこう」と述べているが、彼等のなかに田村がいたことは間違いない。彼は、この一件で米軍と日本の警視庁から取り調べを受けており、その記録の一部は、米CIC文書のなかに残されている。しかし、この事件では自殺者も出ている。

八月二八日に元外務省事務官だった日暮信則が取り調べ中の東京地検の四階の窓から飛び降り自殺を遂げたのである。彼の友人や妻は自殺の動機は不明、というコメントを残しているが（「朝日新聞」一九五四年八月二九日付）、地検は「二重スパイの疑い」（同紙）をかけていたという。

田村も取り調べのなかで、シベリア抑留中にスパイを強要された事実を語っていた。

日本人エージェント

CIC資料によれば、田村は一九五四（昭和二九）年八月一四日に警視庁幹部による尋問を受けたという記述が残されている。ラストボロフ事件が表面化したのが、まさに八月一四日であるから彼はその当日に警視庁の尋問を受けたわけである。尋問の内容は定かではないが、CICで尋問を受けた際の質問事項とほぼ同じ質問内容が訊かれたという。

先に挙げた鈴木省五郎の場合には、ラストボロフが日本から失踪した一九五四（昭和二九）

年一月二四日、彼とおぼしき人物と神宮外苑映画館前で待ち合わせる予定だったと述べている。ところが、待ち合わせ時間になっても彼が現れず約束をすっぽかされたというのである。そして一月二七日になって鈴木は自分と会う予定だった人物がラストボロフであり、彼がその日に行方不明となったという事実を知ったというのである（前掲『ダワイ・ヤポンスキー』二八八～二九〇頁）。鈴木も田村と同じように警視庁から尋問を受けたことが想定できる。

ラストボロフが接触したシベリア帰還組には元関東軍参謀だった志位正二《しいまさつぐ》がいる。敗戦時に少佐で関東軍参謀だった彼は、その後シベリアに抑留され、ソ連のエージェントになることを強要され承諾して帰国している。ここまでは鈴木や田村とほぼ同じ軌跡をたどっているので、繰り返すことは避ける。帰国後の行動は、先に紹介した二人とはやや異なる。『週刊読売』（一九五四年九月二二日号）の彼の手記によれば、志位は、一九四八（昭和二三）年一〇月に帰還した後、翌四九年二月からGHQに勤務し引揚者からの情報収集に従事する。朝鮮戦争勃発後の一九五一（昭和二六）年九月にソ連側からの接触が開始され、日本の政治情報、特に再軍備情報の収集を命じられ、一か月に一回程度の頻度でソ連代表部員にメモを渡したという。一九五三（昭和二八）年二月、彼はGHQを解雇されている。米軍機関に勤務中ひそかに上司に写真撮影されていたというから、ソ連機関との接触を疑われていたのであろう。その後ソ連側との接触を続けながら一九五三（昭和二八）年一一月から彼は外務省アジア局調査員となる。ラストボロフ失踪が報じられたのは翌一九五四（昭和二九）年一月のことで、この時彼は自分と接触していたソ連側の人物がラストボロフだということを知ったという。志位は、この事件の直後にソ連側の怪人物から自殺せよという脅迫を受けるが、その後警視庁に出頭、保護を受けている。

第八章　宏池会事務局長と高度成長政策立案

『進路』の発刊

　ラストボロフ事件とのかかわり合いで、田村が大蔵財務協会の理事長を辞任したのは一九五四（昭和二九）年二月のことだった。すでに朝鮮特需の好景気も休戦と共に過ぎ去り、不況の風が日本中に吹いていた。この年五八歳で老境の域に近づいていた田村に就職の機会がそう多いはずはなかった。この時、田村にできることといえば、大蔵財務協会時代の経験を生かして出版事業に乗り出すことくらいだったのだろう。

　こうして自宅を事務所に雑誌『進路』の発刊を始めたのは一九五四（昭和二九）年五月のことだった。ラストボロフ事件が起きた半年後、田村がこの件で警視庁高官から尋問される三か月前のことである。

　発刊の動機は、「日本は一体どうなるのだろう？　こういう心配をしている国民は少くないと思う。日本は何処へ？　ということは、実は自分はどうなる？　ということであり、同時に、一方で世界はどこえ？　という問題と密接につながっているのである。・・・・世界につながる日本、日本に固くむすびついている。『われ』このわれは如何に生き如何に進むべきか。その進路の発見と着実なる前進とは現代青年の自ら解くべき課題でなければならぬ」。これは田村敏雄が本誌発刊の辞で述べている言葉である。

やっと田村にも戦前からの悪夢を払拭して、新しい戦後の世界に生きる覚悟と喜びが生まれてきたことがわかる。そのなかで、日本の歩むべき道の模索が始まったというべきであろう。『進路』というタイトルは、日本国民が歩むべき進路を見出したいという本誌発行の意図が示されている。定価は三〇円。送料は四円。総頁数は三〇〜四〇頁。当時ビール一瓶が一〇七円、入浴料が一五円の時代である。入浴料二回分といえば高くはないが、食うのが精いっぱいで、教養は二の次といった時代であれば、安かったとはいえない。しかし、出版業を始める田村にとって、朝鮮特需の終焉で絞りかけていた不況風がこの時期わずかながら回復の兆しを見せ始めていたというのが救いといえば救いだった。

田村にとって、雑誌発行は、生活していくための糧だからそれこそ随筆のテーマは、教育、食糧、健康から国際情勢まで広範な範囲に及んだ。「白昼夢」と題する随筆の連載（『進路』一九五四年一〇月から五五年一月）では、「夢に生きる」というタイトルで「健康国家」「教育国家」の夢を描いていた。これは、田村の満洲国時代からの「夢」で、そんな国家を満洲国で作りたいと願っていたのである。戦後スタートするにあたって、日本でそんな夢を実現したいという思いが『進路』発刊に垣間見られる。

いつの時代でもそうだろうが、雑誌発行で生計を立てるというのは、かなり厳しい生業だったことは間違いあるまい。『進路』が毎月何部配布されたのかは定かではないが、旧満洲国時代の友人や旧大蔵省関係の知人に執筆を依頼し、さらには雑誌の購読はおろか、その購読者拡大までをも依頼して、かろうじて経営を維持していたというのが実態ではなかったか。

深まる池田との関係

そんななかで再度池田との関係が深まり始める。池田との最初の再会は、田村が舞鶴に着いた後のことで、一九五二（昭和二七）年のことである。あれから五年の歳月が流れていた。この間、池田は同一九五二（昭和二七）年一一月に通産大臣を辞任した後、五三年五月に自由党政調会長に就任、一〇月にはロバートソン米国務次官補と日本の軍事力強化に伴う国内改革についての会談を行い、翌年三月にはアメリカとの間でＭＳＡ（相互防衛援助）協定を調印した（池田・ロバートソン会談）。

さらに池田は一九五四（昭和二九）年七月には自由党幹事長に就任する。しかし一九五四（昭和二九）年一二月の第五次吉田内閣の総辞職を以て池田は、吉田と共にいったんは政治の表舞台からは退く。しかし一九五四（昭和二九）年から五五年にかけての日本の政治動向は激しく揺れ動く。一九五四（昭和二九）年暮れには吉田内閣に代わって鳩山一郎内閣が成立、五五年には一〇月の左右の社会党の統一を受けて一一月には自由党と民主党が合同して自由民主党が誕生し、「五五年体制」と呼ばれる「二大政党」時代が幕を開ける。しかし、鳩山内閣は短命で、一九五六（昭和三一）年一二月には念願の日ソ国交回復を達成するとそれを花道に引退を表明した。

代わって登場したのが一九五六（昭和三一）年暮れの自民党の党大会の総裁選挙で岸信介を破って総理に就任した石橋湛山だが、同内閣も石橋が病気のため短命に終わり、翌五七年二月には次点で石橋内閣で副総理兼外相だった岸信介が政権を受け継いだ。積極財政論者だった池田は、同じ積極財政論者だった石橋のもとで蔵相に、そして第一次岸内閣でも挙党一致を唱える岸のもと留任、岸内閣内の反主流派として中途まで引き続き蔵相を務めた。

この頃から池田と田村の関係は急速に深まり始める。日本の行くべき道を模索して『進路』と命名した月刊誌を出版して活動を開始した田村と、石橋内閣から岸内閣にかけて積極財政で日本の経済建設を加速させ、さらには総理の座を目指しネットワーク作りを始めた池田との間で連携が強まったのである。この二人は田村が大蔵財務協会に就職した一九五二（昭和二七）年頃から旧知のなかではあったが、五六年暮れ頃から再び連携の度が深まる。今度は田村は己の政治にかけた夢の実現を池田に託し、池田は田村の組織・企画能力を活用して総理の座を目指して結び合ったのである。

それがいつで、具体的契機が何であったかははっきりしないが、『進路』の第四巻第三号（一九五七年三月）に、池田が一九五七（昭和三二）年一月日比谷公会堂で行った講演「一千億減税と完全雇用」が掲載されることから推察すると、五六年秋から暮れのことではなかったか。一九五七（昭和三二）年一月の講演当時、池田は石橋内閣の大蔵大臣だった。日比谷公会堂での講演内容は、速記を起こしたもので、生活の安定と完全雇用を実現するためには減税と社会保障が不可欠だと強調していた。池田は、この講演のなかで、「私は嘘は申しません（拍手）」とあるから、早くもこの段階で、「私は嘘は申しません」という彼のキャッチフレーズが生まれていたことになる。池田は、引き続き第一次岸内閣の蔵相だった一九五七（昭和三二）年四月にも第四巻第四号（一九五七年四月）で「私はこう考える」というタイトルで池田勇人の「インフレ問題」「物価問題」「財政規模」「景気の見通し」に関する国会答弁内容を掲載している。この段階で、『進路』は、それまでの総合月刊雑誌から池田の個人機関誌的色彩を濃厚にし始めたのである。

宏池会の発足

池田勇人を中心とした政策勉強会である宏池会の誕生は、一九五七（昭和三二）年一一月であった。一九五七（昭和三二）年七月に岸総理は内閣改造を実施し、外相に日本商工会議所会頭の藤山愛一郎《ふじやまあいいちろう》を、郵政大臣に田中角栄を、大蔵大臣には池田勇人に代えて「法王」と称された金融界の実力者で日銀総裁の一万田尚登《いちまたひさと》を就任させた。外貨問題が重要だと考えた岸は、金融対策を重視し、その道の専門家の一万田を蔵相に任命したのである。一万田は、鳩山内閣時代も大蔵大臣を歴任しており、積極財政派の池田とは意見が合わない。性格的にも「法王」の異名をとる一万田と旧制高校気質の陽気な池田とではこれまたそりが合わない。

池田は閣外に出たこの年の一一月に未来の総理の座を目指し、池田派の政治団体である宏池会を結成した。池田としては、政策勉強の必要性と共に政治資金規正法との関連で政治資金の流れをはっきりさせておく必要もあったのである。すでに『進路』を通じてしばしば池田に接触してきた田村は、直接池田から政策勉強会の組織化と会の財政を担う事務局長就任を依頼された。つまりは、この頃から池田もそして田村も、ポスト岸の総裁の座を意識し始め、その準備の一環として政策立案を支援する政策勉強会の必要性を感じていたのである。

1957年以来、一時期を除き宏池会の拠点としてきた東京・赤坂の日本自転車会館。ビルの取り壊しに伴い、現在は移転している（毎日新聞社提供）

依頼を受けた田村は早速準備に着手するが、まず問題になったのは会の名称である。田村は、池田と親しい大平正芳、桜田武と語らって池田派の面々が集まる新橋の割烹旅館の栄屋に、陽明学者であり、思想家でもあった安岡正篤《やすおかまさひろ》を招き意見を聞いた。その席で、安岡は、後漢の碩学である馬《ば》融《ゆう》の「高光《こうこう》の樹《うてな》に休息して宏池に臨む」から「宏池会」と命名したという。池田の池という字が一字入っているように、池田勇人を総理にするための勉強会だった。本部は、アメリカ大使館に近い溜池の日本自転車会館に置かれた。会費は普通会員が月単位で一口一〇〇〇円、特別会員は一口一〇〇〇〇円、賛助会員は一口一万円以上となっていた（前掲『総理の品格』、二三一〜二四頁）。当時コーヒー一杯が六〇円、日本酒一級が一・八リットル八三五円、小学校の教員の初任給が一万円の時代だった。現在の小学校教員の初任給が約一九万円から二〇万であることを考えると、普通会員の会費は一口二〇〇〇〇円、特別会員で二万円、賛助会員で二〇万円に相当するということとなろう。

『進路』の変身

『進路』が池田を中心とした政策集団である宏池会の機関誌となるのは一九五七（昭和三二）年一〇月の第四巻第一〇号からである。編集発行人が田村敏雄であることは以前と変わりはないが、発行所は宏池会に変わった。田村は「宏池会機関誌としての出発を記念して体裁を改め増頁致しました。次号から従来通り六四頁の予定です。編集方針には変更ありません」と述べているが、たしかに編集者は田村で変わりはないが、田村が宏池会の事務局長となったのだから、雑誌の性格が大きく変わったことは疑いない。

まず、池田の登場回数が急激に増加する。ほぼ毎号といってよいほどである。池田が『進路』に登場する号とタイトルと簡単な内容を記したものを一覧表（一五〇頁〜）にしてみたが、一九五七（昭和三二）年一一月の宏池会発足以降『進路』が同会機関誌となったことが改めて確認できる。それは池田の登場回数に端的にあらわれている。宏池会の機関誌となる一九五七（昭和三二）年一〇月以前は、池田は四回しか登場していない。ところが宏池会の機関誌となった一九五七（昭和三二）年一〇月以降、田村の死でこの機関誌が発刊を停止する六三（昭和三八）年九月までに池田が登場した回数は、実に三一回に及び、ほぼ毎月何らかの形で池田は誌面に登場していた。

変化は内容面にもあらわれている。内容もこれまでの池田の講演概要や国会答弁内容の紹介といった軽度のものから、次第に池田の政策内容の紹介や政策発表の場といった重度なものへと変わり始めている。一九五八（昭和三三）年三月の「日本経済の基調をどう見るか」では、国際収支に注目し、国際収支の黒字基調を背景に国内需給の供給力を推進力として成長を実現すべしという主張を開示明示する。一九五八（昭和三三）年五月の「景気問題所見」になると当面景気低迷はあるが、日本経済は病弱体ではないこと、経済拡大成長

■『進路』の池田勇人登場号数とタイトル

記事タイトル	号数	発行年月
「他山の石――二大政党論によせて」	第2巻第10号	1955年10月
「統一と合同――現実化した二大政党」	第2巻第11号	1955年11月
「家庭料理のうまいわけ」	第4巻第1号	1957年1月
「一千億減税と完全雇用」	第4巻第3号	1957年3月
「財政について」	第4巻第10号	1957年10月
「池田勇人大いに語る」対談	第4巻第11号	1957年11月
「金融について」	第4巻第12号	1957年12月
「昭和三十二年の経済を顧みて」	第5巻第1号	1958年1月
「日本経済の基調をどう見るか」	第5巻第3号	1958年3月
「次期総裁論」花見達三	臨時増刊号	1958年4月
「景気問題所見――いわゆる不況に如何に対処すべきか」	第5巻第6号	1958年5月
「選挙と選挙演説」	第5巻第7号	1958年6月
「景気談義」	第5巻第9号	1958年8月
「池田勇人氏は語る　民主政政治の在り方について」	第6巻第2号	1959年2月
「国民の力を伸ばせ――政治のねらいとやり方について」	第6巻第3号	1959年3月
「私の『月給二倍論』再説」	第6巻第4号	1959年4月
「私の『成長論』と『月給二倍論』の根拠」	第6巻第5号	1959年5月
「政治のねらいは国民生活の向上である」	第6巻第7号	1959年7月

「入閣は政局の混迷打破」　矢田貞治と対談	第6巻第8号	1959年8月
「月給二倍論と日本経済の将来」	第6巻第9号	1959年9月
「日本経済の進路――世界と共に繁栄へ」	第6巻第11号	1959年11月
「世界平和共栄主義」	第6巻第13号	1959年12月
「還暦を迎えて」	特別増刊 池田勇人還暦祝賀号	1959年12月
「年頭に思う」	第7巻第1号	1960年1月
「日本政治の課題」　対談	第7巻第2号	1960年2月
＊第7巻第3号から調査部の調査レポート「所得倍増実現の可能性を探る」の連載が始まる		
「日本経済の将来」	第7巻第7号	1960年7月
「所信を述べて国民の皆様に訴える」	第7巻第8号	1960年8月
「政治の姿を正す」　特別増刊　正姿勢の池田内閣		1960年10月
「青年に語る」	第7巻第11号	1960年11月
「農業基本法の根本精神について」	第8巻第5号	1961年5月
「真の意味での大国となろう」	第9巻第1号	1962年1月
「池田総理に聞く　経済十問」	第9巻第7号	1962年7月
「池田総理訪欧報告」	臨時増刊号	1962年12月
「経済成長の目標とその歴史的意義」	第10巻第1号	1963年1月
「弔辞」	第10巻第7号	1963年9月

の要因が充実していること、これらを勘案すれば、「健全なる積極策と減税」（一八〜一九頁）が重要だと強調していた。そして一九五九（昭和三四）年四月には「私の『月給二倍論』再説」と翌五月には「私の『成長論』と『月給二倍論』の根拠」を発表し、池田のキャッチフレーズである「所得倍増論」が登場してくるのである。

「私の『月給二倍論』再説」

池田が「所得倍増計画」の構想を最初に公表したのは、一九五九（昭和三四）年二月下旬、自民党広島県連大会出席のため広島を訪れた折であった。彼は、二月二二日記者団を前に、月給二倍論を提唱したのである。これは同年二月二三日付の「日本経済新聞」に「積極策で　賃金二倍引上げを」なる見出しで池田談話として報じられた。内容は、設備投資が経済を拡大させる、政府が賃金引上げ、公共投資、住宅新設などの有効需要を拡大させれば、賃金の二倍引上げ、福祉国家実現も夢ではない、という趣旨であった。続いて二四日、財界人との懇談会に出席するため大阪を訪問した際、大阪グランドホテルでの記者会見で、池田は「政府が努力すれば所得を二倍に引き上げることも夢ではない」（「日本経済新聞」一九五九年二月二四日付）と語った。

この池田の主張は、同年一月三日に一橋大学教授の中山伊知郎《なかやまいちろう》が「読売新聞」に発表した論説「賃金二倍を提唱」からヒントを得ていた（塩口喜乙『聞書　池田勇人』朝日新聞社、一九七五年、一八八頁）という。

中山の論説の概要は、チェコスロバキアの中央計画庁を訪問した際の話から始まる。そこでの問題は、戦後復興が基本的に終了した後、何を課題に長期計画を立てるかにあるというのだ。考えてみれば日本もほぼ同じ時期に戦後復興を終了している。経済企画庁が「もはや戦後ではない」と日本経済の技術革新を強調したのは一九五六（昭和三一）年七月の経済白書『日本経済の成長と近代化』においてであった。中山はいう。福祉国家実現が今後の目標となるが、問題はその実現の手段である。そこで、「賃金二倍の経済」を提唱するのである。今後、賃金は上昇するだろうが、であるとすればあらかじめこれを目標に計画を立てる

中共基本方針が先決
積極策で　賃金二倍引上げを
池田氏語る
池田氏
使節団

池田大臣の談話が報じられた日本経済新聞（1959年2月23日付、国立国会図書館所蔵）

べきだし、それは「生産を伸ばせば夢ではない」という主張だった。池田はこれを読んで、「月給二倍論」を主張し始めたというのである。

池田は二月下旬に広島、大阪で行った記者会見の談話と同じ内容の論説を、三月九日付の「日本経済新聞」の「経済時評」に「私の月給二倍論」として発表する。概要を紹介すれば、日本経済は画期的に強化された、日本経済は供給過剰となっている、そこで有効需要を起こし経済力を伸ばすべきだ、この結果、国民総生産（GNP）、国民所得が増えれば月給も二倍、三倍になることも可能だ。これまで「日本経済は底が浅い」と称されてきたが、今や西欧諸国と肩を並べるに至った。これからの日本にとって有効需要を拡大することが肝要である。とかく為政者はインフレと国際収支の赤字を恐れるが、その心配は無用である。今重要なことは、「無用不当に経済の成長力を抑えないこと」である。いつまた不況が到来するかを危惧して設備投資を抑えてきた日本の企業家から見れば、これは大変刺激的であったに相違ないし、それが反響を生み出したことは想像に難くない。

池田は、三月九日の「日本経済新聞」記事をさらに補足する形で、四月には『進路』第六巻第四号に「私の『月給二倍論』再説」を、翌五月には同上誌第六巻第五号に「私の『成長論』と『月給二倍論』の根拠」を発表する。「私の『月給二倍論』再説」は、最初になぜ再説を書かねばならないかを説明している。

「去る二月下旬、広島と大阪で時局談を行ったところ、そのうちの経済に関する部分が『月給二倍論』として報道されたため、世の注目をひき、賛否の議論が行われるにいたったが、何分簡単な新聞記事であったため、私のいったこと、いわんとする真意が十分くみとれず、多少の誤解もあるようである。これは無理からぬことであった。現に私の話をじかに聞いた大阪財界人の中にも、よく納得のいかなかった人もあったらしいことを後から聞いた。そこで、帰京後、私の主張の要旨を書いて、『私の月給二倍論』という標題で、日本経済新聞三月九日朝刊の『経済時評』に掲げたけれども、これとて紙面の制限から、ほんの骨組というか、私の考えの基本のあら筋を述べたに止まり、いろいろな疑問に答え批判に応じるというわけにはいかず、いわんやさらに進んで具体的施策を説くことはできなかった。」

こう前置きして、いまだ不十分な点は残っているが、とりあえず再論を展開して批判を仰ぎたいと「まえおき」を結んだのである。

　したがって、その内容の前半は、ほぼ先の「日本経済新聞」掲載の「私の月給二倍論」と同じで、最初の「一　日本経済の基調は変わってきた」では、副題にあるように「日本民族の経済的エネルギーは西欧先進国に追いつきつつある」とし、「二　伸びる経済力が抑えられている」では、国際収支の視点から有効需要が抑えられて生産が拡大していかないと主張する。そして「三　国際収支の赤字についての取越苦労はやめたい」では、輸出の増加が輸入のそれを上回り、貿易赤字を招くことはないと言い切り、「四　インフレにはならない」は、経済の成長はインフレを吸収しうると断定する。そして経済成長の結果、「五」では「月給は二倍、三倍になる」と強調する。ただし、それには「六」で「正しい政策リードが必要である」とくぎを刺す。

　池田は、「私の『月給二倍論』再説」に続いて、『進路』の翌月五月号には「私の『成長論』と『月給二倍論』の根拠」を発表する。これは『産業と産業人』（一二巻四号、一九五九年）からの転載ではあるが、池田は「私の月給二倍論」への質問に答えるという形で、「政治の目標と方法」は「豊かな生活の実現にある」とし、持論の「月給二倍論」を述べると共に「理に基き情を忘れぬ政治」を目指すとする。続いて「日本経済の基調」では「需給バランスいまや逆転」し供給力が強化され、「日本経済の基調は著しく強化された」、したがって「インフレと国際収支」に関しては心配はいらないし、輸入依存率がこれ以上高まることはない、と断ずる。そして、「本年度の経済動向はどうか」では、「本年は手放しで楽観できぬ」が「加熱論には全く根拠がない」とし、今年度の「国際収支の黒字は三億ドルから五億ドルか」と予測する。そして「当面の経済政策如何」という問いに対しては「まず成長を促進させよ」と主張し、「具体的対策」としては、交通網の整備と科学技術の振興を挙げている。そして「減税、金利引下げを考えるべきとき」だとする。

確かにこれ以降、池田は毎号のなかで成長と所得倍増の主張を展開し続けるのである。そして一九五九（昭和三四）年一一月、「日本経済の進路—世界と共に繁栄へ」のなかでは、英文季刊誌「ジャパン」五九年秋季号への寄稿論文の原文を掲載し、「日本経済の現況」「日本経済発展の要因と条件」「戦後日本の歴史的自覚」「日本経済の進路」を述べ、最後の「日本経済の進路」では、日本は世界の平和、国際的自由交流の維持、拡大により存続できることを挙げ、今後の日本の経済発展は極めて明るい（一一頁）、と述べていた。もはや政策提言の域を越えて来るべき次期政権構想の内容となっている。

下村治との邂逅

田村が主宰する『進路』に池田が頻繁に登場する背後には、池田が主張する経済政策の理論的支援集団が池田の周りに形成され始めたことを意味する。それは、池田の名前で発表された「私の『月給二倍論』」に始まる一連の論文が国民総生産の推移や設備投資額推移の数値を駆使し、有形固定資産回転率などを使って設備投資の算出効果を数値化するなど、数値化された政策提案を見れば明らかである。そして、その組織的中核にいたのが田村であったとすれば、その理論的中心にいた人物は下村治だった。田村は宏池会の勉強会に大蔵官僚だった下村治を呼び込んだのである。

田村と下村の出会いを当事者の下村は『進路』のなかで次のように回想している。

「わたくしがはじめて田村さんに会ったのは、昭和二十七、八年頃ではなかったかと思う。当時、わたくしは健康を害して、大蔵省の調査部で、専門調査官として、不完全な勤務をしていた時である」。後で詳しく説明するようにその頃、下村は、大蔵省代表日銀政策委員として閑職にあったころである。そして、閑職の下村の事務室を利用して当時大蔵省で外国財政調査を実施していた香川鉄蔵が音頭をとって大蔵省の若手を組織して定期的に勉強会のようなものをやっていた。そんな時、満洲国での大同学院時代の香川の友人として田村は紹介され、この会に参加した。前述したように田村は、満洲国時代に大同学院で教鞭をとっており、香川はその時の同僚だったのである。そうした関係で田村は下村の研究会に参加したわけである（『進路』第一〇巻第七号、一九六三年九月、一四～一六頁）。つまり、田村、下村の両者は、田村の満洲時代の友人の香川鉄蔵の紹介で知り合ったというのである。

下村の回想によれば、その後、田村から「経済問題に関する一般的、総合的な研究会を持ちたいという相談をうけたのは、昭和三十三年〈一九五八年―引用者〉の夏頃、池田総理が当時の内閣を去られ、通産大臣に復帰される前だったように思う。後に世間で七人のサムライなどといわれるようになった人々の会合が、田村さんのこのような企画によってはじまったのである」（同上誌、一六頁）と述べていた。

高度成長政策を理論面で支えた下村治。日本開発銀行理事の頃（1962 年 3 月 15 日撮影、毎日新聞社提供）

前述したように池田は一九五七（昭和三二）年七月に第一次岸内閣の内閣改造時に大蔵大臣のポストを一万田尚登

に譲って閣外に去っている。宏池会の発足は一九五七（昭和三二）年一一月だから、下村の記憶はほぼ正しいとみて差し支えない。宏池会の発足と同時に事務局長に就任した田村は、下村たちを巻き込んで高度成長に関する研究会を立ち上げることとなる。田村は宏池会の事務所に池田のブレーンたちを集めて研究会を開催し、そこに池田も顔を出したというわけである。

ここで、田村と協力して池田の高度成長政策を支えた理論家の下村治の経歴を簡単に紹介しておくこととしよう。下村は、一九一〇（明治四三）年父利禰、母ヒサの次男として佐賀県に生まれている。父親が海軍軍人だった関係で海軍兵学校を目指すが、健康面での問題からそれを断念し、佐賀中学から佐賀高校、そして一九三〇（昭和五）年には東京帝国大学経済学部経済学科に入学している。当時の日本では、マルクス主義経済学が全盛の時代で、下村が学びたい近代経済学は傍流であったため、彼を大学で満足させるような講義科目は少なかったという。下村は、満たされぬ気持を残しつつも在学中の一九三三（昭和八）年に高等文官試験（高文）に合格し、三四年に大蔵省に入省した。そして一九三六（昭和一一）年にアメリカに駐在し翌三七年に帰国している。その後、彼は大蔵省にあって調査畑を歩むなかで敗戦を迎えている。

戦後はインフレ調査を中心に調査活動を展開し、一九四六（昭和二一）年八月に物価庁が設置されると同庁調査課長に、続いて四七年五月に戦後経済復興の司令塔として経済安定本部が設けられると同本部の物価政策課長に就任している。一九四八（昭和二三）年に結核にかかり病床に伏した。病床に伏しながら、彼は学位論文『経済変動の乗数分析』（一九五一年）をまとめている。その後、病状の好転に伴い大蔵省調査部専門調査官として徐々に業務に復帰し、『金融財政事情』に論文を発表し始めている。彼は、日本経済分析から始めて次第に日本の高度成長論へと研究を進めている。その成果は、田村が主宰する宏池会が出版した『経済成長実現のために』（一九五八年）や、『金融財政事情』一九五九（昭和三四）年二月一六日と二月二二日の二度にわたって連載された「日本経済の基調とその成長力」になってあらわれ、所得倍増政策として結実していくこととなる。

『経済成長実現のために』

当時の経済学者たちのなかで、「下村は、ケインズ、ハロッドらの近代経済学につき日本で最も先駆的な研究を進めていてその理論的な分析は定評があった。研究会の論争と結論は、田村を介して池田に報告されていた。これが池田の発想に大きな影響をあたえていったことは疑い入れない」(伊藤昌哉『日本宰相列伝21　池田勇人』一九八五年、時事通信社、一四二頁)という。

下村の理論は、田村により宏池会が発行元となって一九五八(昭和三三)年『経済成長実現のために』というタイトルで出版されることとなる。田村は、この本の序文で次のように書いている。

「ひるがえって、こんにち日本経済のおかれた実情はどうであろうか。日本経済はこの必要な成長をとげる能力と条件とをそなえている。経済の健全な成長発展は可能なのである。労働力、技術、経営等人的諸条件も充実しているし、設備の近代化、合理化等物的諸条件も進んでおり、すでに中進国的状況を脱して先進国の塁に迫っている部門もあるのは周知の通りである。設備過剰との観方もあるが、この設備によって生産力が充実され、日本経済の競争力も強化されていることは否定できない。さらに昭和三十二年下期以来の景気の停滞が、有効需要の抑圧に因る供給超過を主たる原因とすること疑なしとすれば、この際有効需要増加の政策をとっても、その節度と方法を誤らぬ限り、インフレーションを惹きおこしたり、輸入の激増を招いて、国際収支の

赤字をきたす恐れはない筈である。すなわち、いまの日本経済は健全な成長をとげる可能性があるのである」（二二頁）

これまでの日本の政財界人は「ほとんどカンによって判断し行動しているのが実情」（同上書、三一頁）だったが、下村治は統計データーで、乗数分析を駆使して正確な「予測」を行ってきた、とするのである。田村は、下村の理論を「日本生れの強じんな実際に役立つ理論」（同上書、五頁）と称して、その普及を目指して、下村の論文集を編集したのである。時に一九五八（昭和三三）年一二月のことであった。

第一部は賃金と物価と為替レート、第二部は金融引締め政策―その正しい理解のために―、第三部は経済成長と循環をめぐって―「在庫論争」―、第四部は経済成長実現のために、第五部は乗数理論と金融理論、から構成されており、下村がそれまで発表してきた主要論文、これまで論争してきた主要な論争と反論、再反論の関連論文が整理されて掲載されていた。序文の最後を、「そもそも編者のことばなどは、無用であり、おこがましいと思いつつ、ついペンをとると、こういう長談義になり、むしろ下村論文の価値を損するようなことになったかも知れないが、これはいつに、下村博士に対する編者の敬愛の念と、たまたま論文集を発行したいという編者の願いを快諾され、未発表の論策まで提供して下さったことに対する感激のさせたわざで、博士と読者の御諒恕を願う外ない」（同上書、五頁）という言葉で締めくくっていた。田村の下村への入れ込み具合がわかる一文である。

下村がいわんとしたことは、一九五〇年代後半の日本経済は非常な勢いで上り調子にあるので、これを抑え付けるのではなく上手に手助けしてリードしていけば、高度成長は可能であるし、実現できるという主張である。つまり、「すでに経済成長始発の条件は満ちている」というわけである。彼は、一九五八（昭和三三）年に『経済成長実現のために』を上梓した後も、機会あるごとに己の主張を展開し続けた。

例えば、下村は、一九五九（昭和三四）年二月に発表した「日本経済の基調とその成長力」のなかで次のように述べている。

「設備投資の状況と国際収支の状況からみて、日本経済にどのような余力が残されているか・・・・この結論をきわめて大数的に表現すれば、日本経済は、現状において、年々一兆円程度のGNPの増加を実現し得るような状況にあるということである。設備投資の年額が一兆五千億円前後であれば、供給能力は、年々一兆数千億円のGNP

を実現するに足る程度に増加するはずであるし、年々二億五千万ドル程度の輸出増加があれば、年々一兆円のＧＮＰの増加によって引き起こされる輸入を決済するに十分である。・・・・日本経済の成長力の実情は、いつの間にか、このように大きなＧＮＰの伸びを実現しうる段階に到達しているのである」（『金融財政事情』一九五九年二月一六日、二月二三日）

さらに下村は、池田内閣が発足した直後の一九六〇（昭和三五）年一一月に以下のような論文を発表している。

「一、日本経済は、いまや歴史的な勃興期にある。国民の創造的能力の解放がこのような歴史的高揚の原動力である。二、昭和三十四年度の経済成長率が一七％に達したという事実、およびこのような急激な経済膨張にもかかわらず、経済はきわめて安定な状態で推移しているという事実は、日本経済の逞しさを実証するものである。三、民間企業家、経営者、技術者、労働者の合理化、近代化、生産性向上への意欲と能力は、すでにこのような実績を示している。この力を、さらに育成強化する努力を怠らないかぎり、日本経済は、ひきつづき、高速度の成長を続けうるにちがいない。四、われわれは今後十年間に国民総生産を二倍よりも二・五倍～三倍に近づける可能性があるものと判断する。五、このような高速度成長は、経済活動の全領域にわたって、革命的な変化をもたらすにちがいない」（『金融財政事情』一九六〇年一一月七日号）

繰り返しになるが、下村がいわんとしたことは、日本経済は上昇機運にあるので、これをうまく利用すれば日本経済の高度成長は可能であるということである。こうした下村の理論は、田村を通じて池田の政策のなかに具体化されていくこととなる。

香川と田村の共同研究会

では、田村、下村、香川による研究会は具体的にどのようにして始まったのか。この経緯を『進路』で語った下村は、自分と香川、田村の研究交流を香川鉄蔵追悼集である『香川鉄蔵』（前掲書）のなかで詳しく述べているのでやや長いがそのまま引用することとしよう。

「大蔵省が四谷の仮庁舎から虎ノ門に引越したころ、わたくしは日銀政策委員をしていた。三階のエレベーターホールのすぐ横の大きな部屋を一つもらってそこに一人で入っていた。部屋の片隅に事務机があり、その横に応接セットがあるだけの、がらんとした部屋であった。

わたくしは、まだ、毎日は出勤していなかったかも知れないが、週に二日、政策委員会のある日に日銀に出向く以外は、この部屋でボンヤリしていたものである。

そういうわたくしの部屋に、香川さんはチョクチョク顔を見せられた。時々大きな風呂敷包などを抱えてきて、何分でも、何時間でも、話込んでゆくのである。

そのうち、こんな部屋を遊ばせておくのはもったいないということになったのかも知れない。香川さんのきもいりで、この部屋が若い人達の定期的な集会所になったのは、それからしばらくたったころからである。何曜日であったかは、忘れてしまったが、昼間の時間に、香川さんのお弟子さん達が集まってきて、勝手に議論をすることになったわけである。・・・この会合では、香川さんはほとんど発言されなかったようである。若い人達の発言にまかせて、黙って傍聴するという風であった。」（同上書、三四〇〜三四一頁）

「そのうち、いつごろからか、田村敏雄さんがこの会合に顔を見せるようになった。田村さんは、当時、宏池会の事務の責任者ということであった。かつて、満洲国の要職におられた田村さんは、建国大学時代の香川さんと親交があったという因縁で、香川さんが口をかけられたようであった。

田村さんは、大変活発に議論に参加された。時には、もっぱら田村さんが話題を提供して話をはずませるという風であった。

資本主義経済が、いかに、不況を克服することができるか、資本主義の経済が、いかに成長の中で国民生活水準の向上を実現できるか、そのような問題に対するケインジアン的な解答が、強く田村さんを印象づけたようである。後で知ったことであるが、田村さんはマルクス経済学の大家であったらしい。おそらく、そのことが、一層、失業のない経済、不況のない経済の可能性に関するケインジアン的証明に田村さんが強い印象をうけられた理由であったかもしれない」（同上書、三四二頁）

「後から考えると、田村さんは、その頃、すでに池田勇人さんを総理大臣にするつもりで働いておられたらしい。しばらくたってから、わたくしは、田村さんから池田さんの勉強会を持ちたいので、それに参加してほしいという申出をうけた。別に自信はなかったけれども、承諾することにした。

第一回の会合が持たれたのは、昭和三十三年七月十日である。赤坂プリンスホテル旧館の二階の一室であった。集まったのは池田さん、田村さんのほかは、星野直樹、高橋亀吉、櫛田光男、平田敬一郎の皆さんと、わたくしだったと記憶する。やがて、伊原隆さんや稲葉秀三さんが加わって、後に、ジャーナリズムなどで『七人のサムライ』などと呼ばれた顔振れができ上がったのである。」（同上書、三四二～三四三頁）

「池田さんの『月給二倍論』は、おそらくこの会合における討論と無関係ではなかったのではないかと思う。すくなくとも、池田さんの『所得倍増政策』が、この会合の中から生まれたものであることは、事実である。池田さんの考え方を支えたバックデータは、この会合のためにわれわれが作成したものであることは、まちがいない」（同上書、三四三頁）

「池田さんの所得倍増政策が、日本経済の運命に大きな建設的な貢献をしたことを、わたくしは疑わない。そして、わたくしがその政策誕生の過程で内面的に関係できたことは、またとない幸運であったと思う。

このような幸運は、しかし、田村さんとの出会いがなかったならば、ありえなかったことだし、その出会いは、香川さんの仲立ちがなかったら、おこりえなかったにちがいない。大げさに言えば、香川鉄蔵という人物が、大蔵省に関係していなかったならば、日本には所得倍増政策を押し立てて邁進する総理大臣は生まれなかったかもしれないのである」（同上書、三四三頁）

いささか長い引用となってしまったが、田村、香川、下村三者の関係を具体的に語ってくれている。田村、香川共にこれ以上の具体的記述を残していないから、この下村の回想に頼らざるを得ないが、おそらくこれが真相に近い研究会結成の経緯だったのだろう。下村の回想によれば、第一回の研究会がもたれたのは一九五八（昭和三三）年七月一〇日で赤坂プリンスホテルが会場だったと述べている。この日は木曜日だったことから、この研究会は木曜会と称せられたのである。下村によれば、メンバーは、池田勇人、田村敏雄、下村治に加えて星野直樹、高橋亀吉《たかはしかめきち》、櫛田光男、平田敬一郎、伊原隆、稲葉秀三らであったという。

もう一つの研究会

田村の周りには木曜日の研究会以外に土曜日ごとに開催されていた勉強会があった。その名称は土曜研究会と称され、宏池会の事務局があった日本自転車会館の五階の会議室で開始された。当時の模様を池田の秘書から宏池会事務局に入り、田村の後に同事務局長を務めた木村貢は次のように回想している。

研究会は「メンバーは多少の出入りはあったものの」、下村治、星野直樹、高橋亀吉、稲葉秀三、平田敬一郎、伊原隆、櫛田光男の「いわゆる『七人の侍』のほか、神谷克己《みたにかつみ》、あるいは東淳、圓谷秀男といった大蔵省の若手官僚たちであった。経済政策に関しては一家言ある人たちが顔をそろえていた」（前掲『総理の品格』四〇頁）。メンバーとしては、木曜会と重なる部分もあるが、土曜研究会は大蔵省若手官僚が多く集まっていた。「楕円形の大きなテーブルを囲み、メンバーが資料を持ち寄り、正面に下村さんが坐る。熱心に議論を重ねるようすは、さながら閣議を思わせた」（同上書、四一頁）とは、木村貢の言である。

ここで研究会に集まった面々の横顔を見ておくこととしよう。池田、田村、下村に加えて、満洲国国務長官だった星野直樹が登場することに留意したい。星野は、前述したように田村敏雄らを率いて大蔵省派遣組のトップとして一九三二（昭和七）年七月渡満し、満洲国の総務長官として日系官吏の頂点に立って主に財政面での制度作りの中心人物となり、三六年から渡満した商工省派遣組トップの岸信介らと共に満洲の重工業建設を推進した。田村にとっては、満洲国時代の上司だった。星野は、その後一九四〇（昭和一五）年七月には第二次近衛文磨内閣の国務大臣として満洲を離れ、続く東條英機内閣の書記官長を務め、敗戦と共にA級戦犯として終身禁固刑で巣鴨刑務所に服役した。星野が田村の誘いで研究会に参加したのは一九五八（昭和三三）年に釈放された後のことだった。

高橋亀吉が参加していたというのも興味深い。高橋亀吉といえば大正期後半の一九二〇年代から昭和の一九七〇年代まで五〇余年にわたって日本経済に関する論評活動を継続した在野の経済研究者である。石橋湛山に近く、彼の積極財政を支持してきた高橋は、一九五〇年代中葉からの日本経済の復興と設備投資の拡大は、過剰設備をもたらすものではなく、国際競争力、経済成長の基盤となるという発想を強く抱き（鳥羽欽一郎『エコノミスト高橋亀吉　生涯現役』東洋経済新報社、一九九二年、二九二〜二九四頁）、設備投資推進策を強力に主張した。これは下村治と同意見であり、日本経済に対する共通の認識を共有していた。高橋もまた田村が組織した研究会の一員となったのである。その他、元大蔵省理財局長で国民金融公庫総裁だった櫛田光男、元大蔵事務次官で日本開発銀行副総裁だった平田敬一郎、元大蔵省理財局長だった井原隆、大蔵省官僚ではないが、戦時中に戦時経済計画に携わり企画院事件で検挙投獄されたが、戦後は国民経済研究協会を設立し理事長として戦後復興から高度成長期の日本経済に提言をしてきた稲葉秀三らが参加した。

満洲時代の「見果てぬ夢」

「後から考えると、田村さんは、その頃〈宏池会事務局長を引き受ける頃―引用者〉、すでに池田勇人さんを総理大臣にするつもりで働いておられたらしい」とは先に引用した下村の回想談の一節であるが、この下村の推測は正しかったと思われる。前述したように、田村には、若い頃からの一つの夢があった。田村は、一九四五（昭和二〇）年八月一五日に満洲国で玉音放送を聞いた時、この「重大放送を聞いて宮川総領事の公邸で共に手を取って男泣きに泣」くと共に、「自分の夢がガラガラと崩れた」と回想していた。

では、田村は、どんな夢をもっていたのか。彼は満洲国にどんな理想を託していたのか。

それは、戦後の日本がどんな道を歩むべきかという、日本の進路に対する「解」を求めることでもある。その理想は、『進路』に掲載された彼の随想のなかに垣間見ることができる。田村は、先に触れた「白昼夢」（『進路』第一巻第五号、一九五四年一〇月）と題する随想のなかで、三つの夢を語っている。一つ目の夢は、「病院のない社会」を実現する夢である。田村は語る。「皆人が健康になって、病院などは無用だというような世の中になったら、どんなに楽しく、幸福なことだろう！」と。二つ目の夢は、「刑務所のない国が実現できないものかという夢」である。そして三つ目の夢は、「兵営のない国、兵隊の要らない世の中――世界が出来たら！という、実にはかない夢」である（一七頁）。

田村は満洲国時代に大連で、「壮大な大連病院」を、奉天や吉林で「模範監獄」を見ながら、こうした夢を描いていたという。田村は、続けて「白昼夢（健康国家の夢）」（『進路』第一巻第六号、一九五四年一二月）、「白昼夢（教育国家の夢）」（同上誌、第二巻第一号、一九五五年一月）を語っている。「健康国家の夢」では健康国家体制を整備するため健康官制度を整備し健康区、分区、支区制度を作り国民皆健康制度を作ることを、また「教育国家の夢」のなかでは、教育義務法を制定し、大卒者はすべからく一定年限、初等教育教師となることを義務付け、「以て教育国家を実現する」ことを提唱している。一言でいえば、豊かで教養あふれた健康な国家の実現であろう。田村は、満洲国のなかに託したこの夢を戦後の日本社会のなかに実現せんと池田内閣の中枢深く入り込んだのである。

満洲派の結集

池田の秘書を務め、池田の高度成長政策を始め幾多の政策を支えた伊藤昌哉もまた満洲で生まれ、満洲で青年期を過ごした（前掲『池田勇人　その生と死』）。したがって、池田の前の総理の岸信介はむろんのこととして、池田の高度成長政策の背景には満州国時代の人脈とイメージが色濃く投影されていた。

よき政治家は優れた秘書によってよりよき政治家となり、よき秘書は優れた政治家の手で抜群の働きをなす、といわれる。とりわけ総理として名を成すには優れた秘書は不可欠という。池田を支えた伊藤昌哉もそうした一人だったといってよい。読売新聞の政治記者だった渡邉恒雄は伊藤を称して「非常に気の利く名秘書」（『渡邉恒雄回想録』中央公論新社、二〇〇〇年）と述べていた。

伊藤は一九一七（大正六）年に満洲は大石橋《だいせききょう》で生まれている。父親の伊藤謙二郎は、満蒙開拓で活動したという。満洲で育った伊藤は、奉天中学、旧制一高を経て一九四二（昭和一七）年に東京帝国大学法学部を卒業している。戦後は政治記者として活動した後、一九五五（昭和三〇）年に池田勇人の秘書、池田が総理になった後は首席秘書官として活躍した。彼は、「民族の栄光に重大な関心をもつ人間として成長した」（前掲『池田勇人　その生と死』）と抽象的にしか満洲での回想の記を残してはいないが、満蒙開拓の先駆者としての父をもち、敗戦を中国で経験し引き揚げた彼の経歴は、何らかの形で宏池会事務局長の田村敏雄と重なり合う思い出をもっていたに相違ない。事実、池田が総理になって以降は、田村は伊藤らと共同して池田政権の政策作りに協力したと田村の死後宏池会の事務局長に就任した木村貢は回想している（前掲『総理の品格』五九～六〇頁）。

田村敏雄の周辺には、戦前満洲国で活動していた多くの人物が結集してきていた。むろん満洲国で活動していたといってもいくつかの人脈に分かれて必ずしも一本化されていたわけではない。しかし、戦後の高度成長にかかわる動きを見ただけでも、星野直樹を筆頭に大蔵省から派遣された大蔵省系の人物は、大きく見れば田村敏雄と何らかの関連を有していた。それは、同じ満洲派といっても、岸信介を頂点とする商工省系とは人脈的には異なる系譜をもっていたといってもよい。田村は戦後分散していたそうした人物を丹念に集め、再結集させて宏池会の勉強会と資金蒐集組織を作り上げていったのである。したがって、田村が組織した政策研究会や田村が編集していた宏池会機関誌『進路』は、そうした人物たちの結集の場でもあった。

　そのなかには北海道の函館に生まれ、函館商業を卒業後満洲へ渡り、ハルビンで終戦を迎えた後、帰国し「アート・フレンド・アソシエーション（ＡＦＡ）」を設立、ドンコサック合唱団やボリショイサーカスを日本に招致して一躍有名になった神彰《じんあきら》なども、満洲帰りの関係でその名を連ねていた。神が立ち上げたアート・フレンド・アソシエーションの理事には田村敏雄が就任していた。神は、外貨枠（輸入抑制や外貨不足のため実施していた輸入代金の決済に必要な外貨資金の割り当て制）を獲得するために田村の政治力を利用し、田村は、見返りに池田を総理にする総裁選のため数千万円の政治資金を求めたという（大島幹雄『虚業なれり』岩波書店、二〇〇四年）。田村は、宏池会事務局長として、池田政治活動を支える資金調達

池田勇人首相秘書官を務めた伊藤昌哉
（1989年4月24日撮影、毎日新聞社提供）

の要の位置にもいたのである。

所得倍増計画

池田勇人の所得倍増論は、田村が組織した宏池会の勉強会のなかから生まれ、宏池会の機関誌『進路』を通じて世に流布されていった。池田の秘書であった伊藤昌哉は、『池田勇人　その生と死』のなかで、池田の高度成長理論は、宏池会の研究会で深められ、その勉強会で「財政家としての池田の勘と下村の理論とが、がっちりとからみあった」（六〇頁）と述べている。伊藤昌哉は、「池田の月給二倍論の核心は田村を介して導入された下村の成長論で、これが所得倍増計画の根底となった」（同上書、一四八頁）とも述べている。

田村は、こうした研究会の成果を絶えず池田に報告していた。田村は、信濃町の池田邸に日参し、研究会の動向を報告していた。「田村の池田邸詣で」と称された年中行事である。池田の妻の満枝によれば、ほぼ毎日のように田村は池田邸に通っていたようだ。満枝はいう。「田村さんはいろいろと本を読むんです。池田は朝、お客さんに会うのが忙しいものだから、夜、池田がゆっくりしているときにいらして、いっしょに食事しながら、こういう本にはこう書いてる、外国にはこういうケースがある、と耳学問してくれるんです」（前掲

『聞書　池田勇人』一九一頁）。いわば、田村が池田の政策立案や判断の基礎素材を提供していたことになる。

ところで、『進路』に池田の「月給二倍論」が登場するのは一九五九（昭和三四）年四月のことである。池田の名前で、「私の『月給二倍論』再説」が掲載された。これは「日本経済新聞」三月九日の記事が不十分なので再度説明する目的で掲載されたものであった。ここで日本経済の基調は整った。伸びる力が抑えられている。国際収支の赤字を気にするのは取越し苦労である。成長を続けてもインフレにはならない。正しい政策のリードがあれば月給は二倍、三倍になる、という論旨である。池田は、「月給二倍論」はサラリーマンを対象とした表現で農民や中小企業者を外した表現ととられかねないので、「所得二倍論」、さらには「所得倍増論」へと表現を変えていく。

第九章　池田内閣と高度成長政策の展開

岸内閣の誕生

宏池会が池田を中心に所得倍増計画の政策化を進めていた一九五七（昭和三二）年から六〇年にかけて政権を担当していた岸内閣はいかなる動きを見せていたか。そのことを語る前にまず岸信介の経歴を見ておこう。

岸は東京帝国大学卒業後に商工省に入省、戦前はエリート官僚として、一九三六（昭和一一）年から三九年までの三年間だが、星野直樹、田村敏雄ら大蔵省組と共に満洲国の重工業化を指揮し、帰国後の四一（昭和一六）年以降は東條内閣の商工大臣として日本の戦時経済をリードした。敗戦後は戦犯容疑で巣鴨刑務所に収監されるが一九四八（昭和二三）年暮れに釈放される。公職追放が切れた翌年の一九五二（昭和二八）年三月、自由党に入党。同年四月の総選挙に当選、政界入りを果たす。一九五四（昭和二九）年一一月、自由党を除名される。同月、日本民主党の幹事長に就任。一九五五（昭和三〇）年一一月、自由党と民主党の合同に伴い自由民主党の幹事長に就任する。何と議員当選から最大与党の自民党の幹事長の座まで、わずか二年半である。しかもこの間に、自由党から鳩山一郎の日本民主党の旗揚げに参画し、幹事長として一九五五（昭和三〇）年の保守合同をまとめ上げているのである。その後の総理の座への道も、ライバルの相次ぐ死や病気ということが重なったとはいえ、これまた急ピッチである。

保守合同の翌一九五六（昭和三一）年の一月、自由党の総裁の緒方竹虎《おがたたけとら》が急死する。緒方が逝ってから半年足らず後の同年七月三木武吉《みきぶきち》が心臓衰弱で死去した。岸と共に保守合同をやり遂げた仲間の相次ぐ死である。そんななかで、一九五六（昭和三一）年一二月鳩山一郎は、日ソ国交回復がなされると、それを花道に引退した。跡目を継ぐ総裁選挙は、岸、石橋、石井光次郎《いしいみつじろう》三者の間で行われた。下馬評では岸優勢だったが、決選投票では「七票差」で石橋・石井連合に敗北、一二月石橋内閣が発足し、岸は副総理格で外相に就任している。ところがその一か月後、石橋は病気のため岸を臨時総理代理に任命し、二月に総辞職する。岸内閣の誕生である。

トップに上り詰めた岸は念願の国家グランドデザインを実現させていく。そのベースとなったのが一九三〇年代の満洲での軍需工業化の推進だった。満洲国の強力な官僚指導の下で重工業を育成していくという方策を岸は戦後日本のなかで再現させようとしたのである。岸は、経済政策に関しては、かつての商工省の後身である通産省を中心に統制的な色合いの強い方針を打ち出していった。具体的には輸出入貿易の徹底管理、国内の産業分野では、石炭、繊維といった分野を縮小調整し、代わりに行政指導や法律、日本開発銀行などの政府系銀行を通じた特別融資による、機械工業などの次世代産業分野の育成促進を、重点的に図っていったのである。そして通産大臣には岸の満洲人脈の要ともいえる高碕達之助（元満洲重工業開発株式会社総裁）や椎名《しいな》悦三郎《えつさぶろう》（岸のもとで満洲国産業開発を担当）が第二次岸内閣や池田内閣期に入閣することとなる。

さらに岸は、経済政策を進める柱として財界団体の掌握を進めていく。要となったのは一九四六（昭和二一）年に発足した企業者の有力団体、経済団体連合会（経団連）であった。岸が政権の座に着いたとき経団連の副会長には戦前の商工省時代からの知己の植村甲午郎《うえむらこうごろう》が就いていた。岸の意向を継いで植村は岸の経済政策を財界側から支援する体制を構築していった。こうして岸の経済政策は、やがて迎える高度成長期の土台を築いていったのである。

また、岸は外交問題にも意欲を示し活動していった。岸は就任直後の一九五七（昭和三二）年五月から東南アジア六か国歴訪の旅に出ている。そして帰国後の六月にはアイゼンハワー大統領と会談するため渡米、日米安保協定改定の交渉を開始している。そして同年一二月には経済協力と賠償解決のため東南アジアとオセアニア歴訪の旅に出ているのである。こうして岸は短期間にその後の高度成長の前提条件を作り上げていったのである。

安保闘争の激流

こうして万全の態勢を整えた岸内閣は一九五八（昭和三三）年六月、内閣を改造し、第二次岸内閣が発足する。外務大臣には日本商工会議所会頭の藤山愛一郎を、大蔵大臣には実弟の佐藤栄作を、通産大臣には満洲重工業開発株式会社総裁だった高碕達之助を据え、財界は前述した植村甲午郎が経団連副会長として岸支援体制を固めていた。この他、反主流と称された池田勇人が国務大臣として入閣した。最強の陣を敷いて安保条約を改定する動きを進行させ始めた。

岸内閣は、その前提として反対運動の高揚を抑えるために、運動の中核をなす教員の勤務評定の趣旨徹底を図り、さらに同年、警察官職務執行法（警職法）改正案を国会に提出した。これに対して社会党・総評などが反対運動を展開し、警職法を審議未了とした。また、こうした岸首相の強硬姿勢に反発して池田勇人、三木武夫、灘尾《なだお》弘吉《ひろきち》の反主流派三閣僚が辞任した。岸が安保改定を強行するなかで、社会党・総評に原水協などが新たに加わって一九五九（昭和三四）年三月には日米安保条約改定阻止国民会議（安保阻止国民会議）が結成された。安保阻止国民会議は、四月の第一次から翌年七月の第二三次まで統一行動を続けている。この危機を乗り切るために岸は、池田に入閣を要請、一九五九（昭和三四）年六月に池田は通産相で入閣した。

一九六〇（昭和三五）年一月、岸首相らが訪米、日米相互協力及び安全保障条約（新安保）・施設区域米軍の地位に関する協定・事前協議に関する交換公文などが調印された。新安保は旧安保と比較して、米軍への基地提供から事前協議を通じた日米共同防衛へと一歩踏み込んだ点に違いがあった。新安保の国会審議が始まると、連日のように国会請願デモが繰り返された。五月一九日に警察官を国会に投入しての衆議院での強行採決に対して、議会制民主主義を擁護する運動が高揚した。六月一〇日のアイゼンハワー大統領新聞係秘書のハガチーが大統領訪日の事前打ち合わせのため来日した際、彼がデモ隊に取り囲まれてへリコプターで脱出する、いわゆる「ハガチー事件」が発生し、アイゼンハワー訪日が中止され、続いて六月一五日の安保改定阻止第二次実力行使には五八〇万人がこれに参加する盛り上がりを見せた。そして迎えた六月一九日、三三万人が徹夜で国会を包囲するなか、午前零時、新安保条約は自然成立した。七月一五日、岸内閣は、安保改定と引き替えに総辞職した。

延べ数百万人の日本国民が、安保改定反対運動に参加したというのは、戦後政治のなかで初めてのことだった。そして、反対運動の嵐のなかで内閣が倒壊したというのも初めての経験だった。こうした大規模な運動が広がった条件として、高度成長が過渡的段階で、成長以前の旧階層も成長後に増加し始めた新階層も、共に現状に不満をもち、その不満が岸首相の強引な非民主主義的行為に対する反対の一点で結び合ったともいうことができる。

国会前でデモを行う全逓の労働組合員たち（1960年6月15日撮影、朝日新聞社提供）

その点に関して高度成長の理論的推進者だった下村治はこの時期を回想して次のように述べていた。

「岸内閣時代には、混乱がだんだんひどくなり、末期には政治的な混乱に陥っていたわけですから、それをおさめ、国民生活は十年で二倍になるんだという具合に、空気を明るい方向に切りかえればよかったのです。その当時の状況で、私ども自身は、主観的には、所得倍増計画で安保騒動はなくなるのだという見通しを持って、打ち出したといえます。安保騒動による混乱を消すためにやるのでなく、高度成長政策をとれば、混乱は消えるのだということですね」(下村治「高度成長政策と私」、『一億人の昭和史 7 高度成長の軌跡』毎日新聞社、一九七六年、二五〇頁)

その後の高度成長が一億総中間層化を生み出すと、運動自体は先鋭化して大衆から離れ、そして沈静していくこととなる。下村はいう。「事実、国民全体が希望と期待に胸をふくらますような状態に変わりましたね。安保騒動の段階のものの本質は、恐らく、わけの分からないもやもやした欲求不満であったと思いますが、これは雲散霧消したと思います。雲

散霧消するような希望と期待を、政府が所得倍増政策によって保証したということですね。」（同上）

池田内閣の発足

五八〇万人が参加し東大生の樺美智子《かんばみちこ》が死亡した安保改定阻止第二次実力行使の六月一五日、池田派の会合の後で腹心の大平正芳が、次期総裁問題に触れ、「こんどはやり過ごした方がいい。あなたは保守の本命だから、こんな時期に出て傷がついてはいけない。いったん石井（光次郎）なり誰かになってもらって、すこし情勢が静まってから出たらどうですか」（前掲『池田勇人　その生と死』七五～七六頁）と池田に忠言したという。それに対して池田は「君はそう言うが、おれの眼には、政権というものが見えるんだよ、おれの前には政権があるんだ」（同上書、七六頁）と答えたという。目に見えない何かを感じていたのであろう。満を持しての登場だといってもよいだろう。

大平が帰った後、秘書の伊藤昌哉が、「大臣、私も完全に政権が間近だと思います。話合いなどではなく、絶対に公選でいくべきです。区切りははっきりすべきでしょう。・・・

総理になったらなにをなさいますか？」と尋ねると、池田は「それは経済政策しかないじゃないか。所得倍増でいくんだ」と答えたという（同上書、七六頁）。たしかに大蔵省の租税畑から戦後は大蔵大臣、通産大臣を歴任した池田にしてみれば、「経済はおれにまかせろ」、という気持ちが強かったに相違ない。したがって池田は一切話し合いには応ぜず、公選を主張してそれを貫いた。かくして池田は、総裁選の第一回投票では「池田勇人二四六票、石井光次郎一九四票、藤山愛一郎四九票」で過半数をとれず、決選投票で「池田勇人三〇二票、石井光次郎一九四票」で石井を破り、一九六〇（昭和三五）年七月総裁に就任し、池田内閣をスタートさせた。

一九六〇（昭和三五）年七月に発足した池田内閣は、幹事長に益谷秀次《ますたにしゅうじ》（池田派）、総務会長に保利茂《ほりしげる》（佐藤派）、政調会長に椎名悦三郎（岸派）、官房長官には大平正芳を以て「異例のスピード」（「日本経済新聞」一九六〇年七月一九日付）で組閣を完了、大蔵大臣に水田三喜男《みずたみきお》（大野派）、外務大臣に小坂善太郎《こさかぜんたろう》（池田派）、通産大臣に石井光次郎（石井派）を配する派閥連合政権的性格をもっていた。

九月に自民党は高度経済成長に重点を置いた新政策を発表する。「自民党の新政策」と称するその政策の経済政策に関する概要は以下のとおりである。我が国は今後一〇年間に国民総生産を二倍に引き上げて西欧先進国並みの生活水準と完全雇用を実現する。そして当面の経済成長の目標は、一九六一年から六三年までの三年間に年率九％の成長を達成し、六三年には国民総生産は三〇％増の一七兆六〇〇〇億円、一人あたり国民所得は二六％増の一五万円に達する。この目標を達成するために政府は、経済基盤の強化、人的能力の開発育成、社会保障の拡充をする必要があり、一九六一（昭和三六）年度を起点に新道路五か年計画の策定や水資源の総合開発、金融市場の正常化、金利低下の促進などを挙げていた（「日本経済新聞」一九六〇年九月六日付）。

この直後の一〇月には浅沼稲次郎《あさぬまいねじろう》社会党書記長が日比谷公会堂で右翼少年に刺殺される事件が発生している。その後、一二月二七日の閣議でこれまでの池田政権下での所得倍増政策案は「国民所得倍増計画」として決定された。「日本経済新聞」は、「明年度経済見通し　空前の高成長打ち出す」と題し、「実質で九・二％に　国際収支、二億ドルの黒字」と報じていた（「日本経済新聞」一九六〇年一二月二六日付）。いよいよ池田内閣は、高度成長政策推進に向けた政策を発動したのである。

池田内閣が発足した後でも研究会は継続し、『進路』は刊行され続けた。しかし、池田の高度成長論を作成した人物は誰か、といった話題がマスコミを騒がせるなかで、研究会メンバーは、池田との接触を極力控えめにするように行動し始める。すでに池田が政権の座に就く前から池田への連絡役は田村が担当し、池田と面談するのも夜半に及んだという話を紹介したが、下村も池田との接触は極力控えめとなる。

下村は回想する。

「(下村が)総理になられてからの池田さんと会ったのは一回か二回かな。信濃町のお宅に伺うのに、裏からこっそり行ったことがあります。表の方には新聞記者が張りこんでいますから……。私が行ったことがあまり人の目につかんほうがよかろうというような配慮がありましてね。とくに配慮しなければならないような用件ではなかったのですが、総理大臣のものの考え方を、後に人がいて操っているんだという言い方がはやるんですね。はやることがいいか悪いか一概にはいえないけれど、通常の場合は、総理大臣本人の権威をおとす形で使われるきらいがある。すでに池田内閣スタートの時から、政策を作ったのはだれだということになっていますから、それを最小限度にしさらに大きくしない配慮はどうしても必要じゃないかという感じがしましたね」(下村治「高度成長政策と私」、前掲『一億人の昭和史7 高度成長の軌跡』二五一頁)

池田を前面に出すための演出が目に見えない奥底で静かに進行していたのである。

高度成長政策

どちらかといえば、安保反対運動に対して自衛隊の出動まで口にした岸総理のこわもて路線と比較すると、岸を継いだ池田勇人のそれは低姿勢路線で始まった。かつて吉田内閣閣僚時代には、「貧乏人は麦を食え」「中小企業の一部倒産もやむを得ない」という過激な発言を発した人物と同一とは思えないほど下手に出ての出発だった。「寛容と忍耐」「低姿勢」という池田政権の代名詞はそれを物語る。そして、池田内閣は「所得倍増論」というわかりやすいキャッチフレーズを掲げて高度成長にまい進したのである。池田内閣発足直後の一九六〇（昭和三五）年一一月には安保闘争と時期を同じくして起きた三井三池争議は一年間に及ぶ労使の全面対決の末、結局中央労働委員会の斡旋を受けて終結したが、これを前後して日本のエネルギーは石炭から石油へと転換していった。

高度成長が軌道に乗るなかで、「三種の神器」といわれたテレビ、電気冷蔵庫、電気洗濯機が普及し、電機産業が急速な拡大を見せ、農村から都市への人口移動が激化し、企業が新卒者を奪い合う「青田買い」が広がった。都市では住宅難が深刻化し、公団住宅への入居希望者が激増し、一九六二（昭和三七）年には競争率は五〇倍を超えた。一九六二（昭和三六）年に日本の機械製品輸出が繊維製品のそれを凌駕した。一九六三（昭和三八）年二月には国際収支を理由に貿易制限ができない「ガット一一条国」へ移行し、翌六四年四月には国際収支の悪化を理由に為替取引の制限ができない「IMF八条国」へ移行した。同年一〇月には高度成長による先進国への仲間入りのセレモニーともいうべき第一次東京オリンピックが開催された。オリンピックに伴い首都東京を中心にした高速道路網が整備され、羽田から都心に向けたモノレールが開通し、大会開催九日前には東海道新幹線が開通した。一九六六（昭和四一）年には日本の自動車生産は米、独に次いで世界第三位の位置に付いた。一九六〇年代から七〇年代にかけて、日本は年間GDP成長率一〇％前後を記録して、世界から驚異の目で見られる経済大国へと成長したのである。

田村の死去

田村の健康が悪化したのは一九六三（昭和三八）年に入ってからであった。田村の体調悪化と共に、彼が編集責任者となっている『進路』の発行が遅れだした。それまで一か月に一号、その月数の号が出ていたのが、一九六三（昭和三八）年の第一〇巻第四号から、第四号は四月ではなく五月発行の一か月遅れとなり、次の第五号、第六号もそれぞれ一か月遅れの六月、七月発行にずれ込んだ。明らかに編集体制が弱体化したことを示しており、この遅延は編集責任者の田村の体調悪化と無縁ではなかった。

さらにそれを裏付けるように、連載されていた編集部の「所得倍増実現の可能性を探る」の連載番号が第四号、第五号では（33）、（34）とすべきところを、共に（33）と打っており、ベテラン編集者の田村には珍しい単純な編集ミスが目についた。

病院通いから入院が始まり、編集へ割く時間は極端に減った。こうして半年に渡り入退院を繰り返すなかで、田村は病のため、闘病むなしく一九六三（昭和三八）年八月東京の日赤中央病院（現日赤医療センター）で死去したのである。享年六十七。

田村が死去したのは八月五日、葬儀は九日に青山葬儀所で執り行われた。田村の死を悼んで多くの著名人が弔問に訪れた。筆頭は総理の池田勇人だった。葬儀に出席した池田は田村を偲んで弔文を読み上げた。

「君とは大蔵省の採用が同期で山際君や植木君など多士済々な大正一四年組だった。

君が任地の関係で満洲に去った時期を除けば特に戦後ソ連抑留から帰国してこの十数年間殆んど行を共にしてしたといっても過言ではない。・・・選挙区のことは勿論、学界、財界、官界、政界、と多岐に至る君の働きはどれほど私の助けとなったことだろう」（『進路』第一〇巻第七号、一九六三年九月、八頁）

これは、池田の本音だったというべきだろう。池田の中心的政策であった「所得倍増計画」は、田村なくしては、政策として結実することはなかっただろうから、田村の働きは値千金の重みをもっていた。しかし、こうして田村を送った池田もその約二年後に帰らぬ人となっている。

一九六三（昭和三八）年八月六日付の「読売新聞」は、田村の死亡記事を短く報じている。

「田村敏雄氏（大蔵財務協会理事長）心臓病のため五日午後六時三十五分、東京・青山の日赤中央病院で死去。六十七。葬儀は九日午後二時から青山葬儀所で。自宅は東京都渋谷区代々木。京都府出身、大正十四年東大卒、大蔵省にはいり大連税関長、満洲国浜江省次長。戦後は国際善隣クラブ理事、池田首相の後援会〝宏池会〟の代表。」

田村の満洲国時代の上司だった古海忠之は、友人代表で弔辞を述べた。古海は、星野直樹に率いられ田村と共に一九三二（昭和七）年七月満洲国に渡り、その後、一九四一（昭和一六）年に商工省次官として帰国した岸信介の後に満洲国総務庁次長に就任している。一九四五（昭和二〇）年八月、敗戦と共に侵攻してきたソ連軍に逮捕され、田村同様にシベリア抑留生活を送っている。古海は一九五〇（昭和二五）年に中国側に引き渡され撫順戦犯管理所に収容され一九五六年に禁固一八年の判決を受けるが、一九六三年二月出所、三月に日本に帰国していた。実に渡満から三一年ぶりである。田村が死去したのが一九六三（昭和三八）年八月だから、古海が中国から帰還してからわずかその五か月後のことであった。田村は、病を押して古海の帰国を羽田空港に出迎えに行ったが、それは古海にとっても戦後から数えて一八年ぶりの再会であった。しかしその後二人は語り合う十分な時間もないままに再開間もなく田村は古海の眼前から去っていった。古海の弔辞は、友人代表にふさわしく簡潔に彼の一生の歩みを紹介していた。以下、若干長くなるが、本書をまとめるにふさわしいものなので紹介しておこう。

「昭和七〈一九三二〉年春満洲国が成立した直後、満洲国から大蔵省に財政金融の担当者派遣の要請があった時星野直樹氏を頭として私達が決意も固く勇躍満洲国入りをした当時の君を私は忘れることが出来ません。その時から満洲国最後の日まで君は満洲開発のために、祖国日本の為に情熱を傾け奮闘しつづけたのでした。

最初君は財政部税務司国税科長として紊乱した税制を建直し厳正な徴税体制をつくり上げ満洲国財政の基礎を固める大任を果たし、後に税務司長として税務行政にいささかの渋滞不安も感じさせませんでした。当時治安状況が極めて悪かった豊庫東辺道を開発する為め通化省を新設した際、君は初代省次長に選ばれ挺身その難局に当り治安を恢復《かいふく》し満洲産業の開発に大きな貢献をしたのでした。満洲国の末期北満の要衝浜江省の次長として手腕を振い大蔵省出身の官吏であって地方行政部門に進出して治績を上げた君は私達の誇りでもありました。教育方面に於ける君の識見才能は万人の認める所でした。君は文教部教育司長として全満の教育行政を統べ教育普及向上に力を尽し又大同学院首席教授を担当し幾多有能な満洲国高級官吏を育て上げました。君の協和会運動に関する大きな功績も見逃すことは出来ません。こうして君は行く所として可ならざるはない私たちの万能選手でした。」（『進路』第一〇巻第七号、一九六三年九月、

一一〜一二頁)

この「万能選手」としての才能を帰国後の田村は、宏池会の結成、池田内閣の実現と高度成長に捧げ、満洲国で果たせなかった「国作り」の理想を追求したのである。

弔辞で同じ思いを中国人の立場で述べたのが前述した孫亦濤(九三頁)であろう。彼は、吉林師道大学の学生である。吉林師道大学というのは、満洲の国民高等学校の教師の養成を行う大学として一九四二(昭和一七)年に誕生した。一九四四(昭和一九)年頃で教員数は七〇から八〇人、職員を入れて一〇〇人前後、定員は各学年一五〇人程度だったという(大森直樹・金美花・張東亜「中国人が語る『満洲国』教育の実態」『東京学芸大学紀要』第1部門、教育科学、第45集、五五頁)。その彼も戦後日本に帰国した田村を慕って葬儀のみならず、毎年命日には田村家を訪問して霊前に花を手向けたという。満洲国が関東軍の傀儡国家であったことはいうまでもないが、そうしたなかにあって国家のあるべき姿とその理想郷を追い求め、果たせぬままに戦後政治に「見果てぬ夢」を託した田村の思いを感じとっていた中国人の声も古海忠之と重なる部分があったのかもしれない。

エピローグ

派閥の変遷と宏池会の位置

最後に改めて田村たちが組織した宏池会の位置とその後を自民党の歴史のなかで整理しておこう。まず自民党の派閥系譜図（一九九頁）を見ておこう。戦後の派閥の源流は、大きく見れば自由党系（ここではそれぞれ旧自由党・旧民主党を指す）の吉田派と民主党系の鳩山派に大別されよう。そして、自民党は一九五五（昭和三〇）年に自由党と民主党の合同で自民党として誕生したが、発足当初から通称「八個師団」と称されたように吉田派の自由党系、鳩山派の民主党系の派閥軍団から構成されていた。自由党系では池田勇人、佐藤栄作、緒方竹虎、石井光次郎、大野伴睦《おおのばんぼく》らがそれに属し、民主党では岸信介、河野一郎、石橋湛山らが並んでいた。そんななかで三木武夫だけはやや例外で、旧自由党、旧民主党というよりは改進党系に所属していたといえよう。発足当初の自民党では、一方で派閥の領袖が資

自民党の派閥系譜図

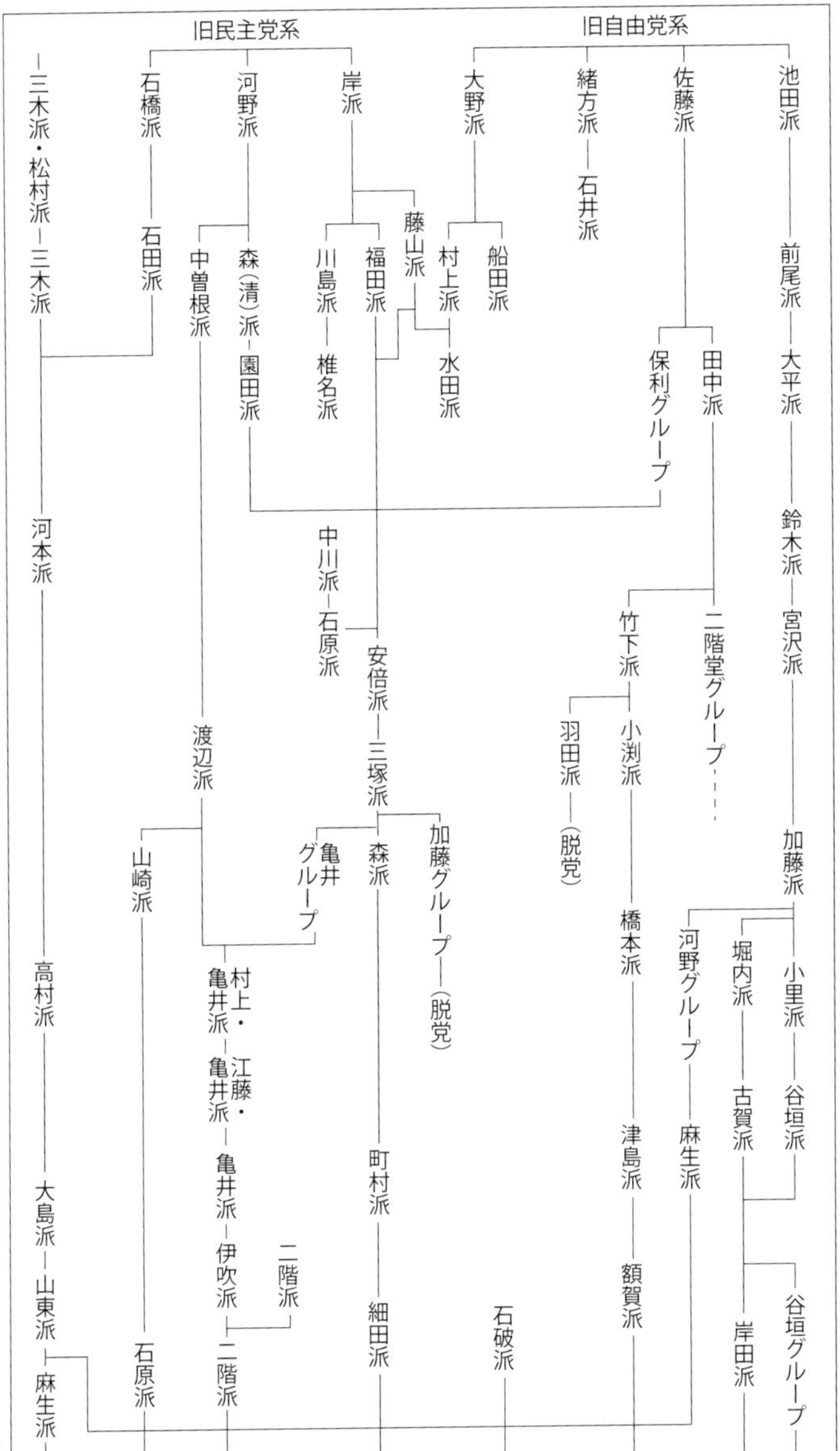

（小林英夫『自民党と戦後史』KADOKAWA、二一〇～二一一頁などをもとに作成）

金を集め、政治ポストを用意し、これを派閥の構成員に配り、他方で派閥構成員は領袖に忠誠を誓い、自派の勢力拡大に努め、政界のルールを一つ一つ学習して実績を上げながら次官、大臣、総理への道を駆け上がる努力を重ねていったのである（渡邉恒雄『派閥』弘文堂、一九五八年）。もっとも制度が整備される前の合同当初の派閥軍団は、さほど強い結束力があったわけではなく、一人で二派閥、三派閥にまたがって所属するものもあり、その点で縛りは緩やかだった。

一九五五（昭和三〇）年の派閥構成は、その後の岸信介から池田勇人、佐藤栄作へとつながる総裁選のなかで、池田亡き後の宏池会は前尾繁三郎から大平正芳へとバトンタッチされ、その間に佐藤派が形成され、拡大し、逆に石井光次郎率いる石井派は消滅、大野伴睦率いる大野派は大野死後、船田派と村上派に分裂していく。また、岸派は福田派に引き継がれ、河野派は河野一郎死後中曽根派に引き継がれ、石橋派は消滅する。この間に藤山愛一郎が一時的に派閥を形成するが、短命に終わっている（井芹浩文『派閥再編成』中央公論社、一九八八年）。

派閥の機能は、領袖と構成員の間で資金とポストと教育を媒体に主従的結束が形成されたと述べたが、派閥は初めからそうした形で整備されていたわけではない。例えば池田内閣時の宏池会は、どちらかといえば池田個人をめぐる人間的つながりのなかで形成されてきた組織だった。したがって、宮澤喜一の回想によれば、池田を総理にする政治家の派閥集団というよりは、池田を囲んで大蔵省を中心に、財界人、政界人が加わる政策勉強会といった雰囲気が強かったという（宮澤喜一『戦後政治への証言』北國新聞社、一九七四年）。強いていえば、池田個人の「応援団」的色彩が強かった、という。田村自身は、池田を総理にするための勉強会という意気込みで組織したのだろうが、政策勉強会という形をとったので、初めから議員中心の組織とは趣を異にしたかもしれない。

しかし、池田を継いで総理となった佐藤栄作が組織した周山会《しゅうざんかい》となると宏池会とは違って、政策研究会というよりは、佐藤を頂点としてきちんとした組織秩序が存在し、通称「五奉行」と称された保利茂、田中角栄、橋本《はしもと》登美三郎《とみさぶろう》、愛知《あいち》揆一《きいち》、松野《まつの》頼三《らいぞう》が組織を把ね、運営していたという（御厨貴『知と情　宮澤喜一と竹下登の政治観』朝日新聞出版、二〇一一年）。この周山会の手法は、その後田中の越山会《えつざんかい》に引き継がれ、さらに竹下登の手で創政会《そうせいかい》、経世《けいせい》会《かい》へと引き継がれていくこととなる。ポスト佐藤の総理の座をめぐって田中派と激しい政争を演じた福田派もほぼ同じ手法を取り入れて派閥運営を展開した。

角福戦争下の宏池会

一九七二（昭和四七）年七月に佐藤栄作が退陣した時、佐藤が自分の後釜として想定していたのは福田赳夫《ふくだたけお》だったという。池田、佐藤と二代続いた高級官僚出身の総理のポストを、同じ経歴をもつ福田に委ねようと考えていたとしても不思議はない。しかし、学歴こそ高等小学校卒ながら土木事業で財を成し、「トゲの多い門松をたくさんくぐってきて、いささか仕事のコツを知っている」（早坂茂三『早坂茂三の「田中角栄」回想録』小学館、一九八七年、七七頁）と自負する田中角栄は実社会で鍛えられた経験を活用し、抜群のパワーで政界出世街道を驀進する。一九四七（昭和二二）年四月初当選、吉田の下で研鑽を積み、五七年には三九歳で岸内閣で郵政大臣、続く池田内閣では大蔵大臣、そして佐藤内閣では大蔵大臣、通産大臣、党幹事長を歴任した。この間、東京帝国大学を卒業し大蔵省でキャリア官僚として実績を積み政界に転じた福田赳夫と激しいライバル争いを演じた。田中は、後発から一気に追い上げて、佐藤を「待ったなし」（前掲『実録　自民党戦国史』七三頁）の状況に追い込んでいった。そして佐藤政権末期の一九七二（昭和四七）年六月に『日本列島改造論』を発表し、それを引っ提げて七月の総裁選の決選投票で福田赳夫を破って自民党の総裁に選出され、総理大臣に就任した。

この間、宏池会はといえば、一九六五（昭和四〇）年の池田亡き後、前尾繁三郎が宏池会の会長に就任した。そして佐藤内閣時代（一九六四年〜一九七二年）に、厚生大臣に鈴木善幸、通産大臣に大平正芳、経済企画庁長官に宮澤喜一、また前尾自身自民党総務会長、北海道開発庁長官を務めている。しかし、この時期の宏池会の課題は何であったのか。換言すれば、池田がやらねばならなかった課題、別の言い方をすれば池田が遺した課題は何だったのか。亡き池田、田村に代わって、高度成長の立案者の一人だった下村治は次のようにいう。

「池田さんは高度成長の入口だけを担当された。福祉の充実とか環境の整備とかをやろうと思えば思い切ってやれる段階に入る前、つまり、それをやるだけの基礎的な経済力を作る段階」を担当した、したがって、これを継承した佐藤内閣は「経済成長によって実現された力と、その過程に出てきたいろいろな問題をうまく捉え、その力で問題を吸収解消するような積極的措置をとること」であったはずだという。そして、佐藤内閣はそうした課題を未解決にしたまま政権を次世代に送った結果が、田中角栄の「日本列島改造論」へとつながったのだ。しかし「列島改造計画はあまりにタイミングが遅すぎた。佐藤さんがやるべきであり、佐藤内閣の時代に田中さんが一緒になってやればよかったのです（下村治

「高度成長政策と私」、前掲『一億人の昭和史7　高度成長の軌跡』二五一〜二五二頁）。

これは下村治の見解だが、彼の言のなかに宏池会の前尾繁三郎の名前は一言も出てこない。「学者肌の前尾繁三郎会長」（前掲『総理の品格』九三頁）は、池田の遺した課題を実現する機会もないままに一九六六（昭和四一）年一二月、六八年一一月の二度の総裁選に佐藤に惨敗した後、七一年四月には宏池会の会長ポストを大平正芳に譲っていく。

田中時代の宏池会

一九七二（昭和四七）年七月、政権の座に就いた田中角栄は就任二か月後の九月に宏池会会長で外相の大平正芳と官房長官の二階堂進《にかいどうすすむ》を連れて北京を訪問し、電光石火の早業で日中国交回復を成し遂げた。「私は田中氏が組閣後わずか二か月くらいで北京に出向くとは夢にも考えていなかった。もう少し諸般の環境調整をしてからだろう、と見ておったのだが、田中氏はやってしまった」とライバルだった福田赳夫は回想し、「性急に過ぎたという面はあるが、大局的にみると歴史の流れが世界的にそういう方向に動きだした、田中氏はそれを巧みに捕らえた、とも言えるだろう」（福田赳夫『回顧九十年』岩波書店、一九九五年、二〇六頁）と述べていた。

外交面では大きな成果を上げたが、経済面では田中が提唱した「日本列島改造論」は、一九七一（昭和四六）年八月のニクソンショックと円高の開始、その対応のなかで破たんし、それへの対応で過労死した蔵相の愛知揆一の後をライバルの福田赳夫に委ねた。福田は、「日本列島改造論」を「撤回する」ことを条件に大蔵大臣として入閣、安定成長路線へとかじを切った（前掲『回顧九十年』二一〇～二一一頁）。経済の混乱に一九七三（昭和四八）年一〇月のオイルショックが追い打ちをかけ、狂乱物価旋風が吹く荒れるなかで七四年一二月、田中は金脈問題で辞任する。金権体質の田中政治を一新するため自民党副総裁の椎名悦三郎が下した判定は、田中の後継者に「クリーン」なイメージの三木武夫を総裁に据えることだった。

そんななかで、一九七六（昭和五一）年二月にロッキード事件が明るみに出た。アメリカの航空機メーカーのロッキード社が自社の航空機を売り込むための裏金を関係者に渡し、その一部が日本政府高官に渡ったという汚職事件である。七月、いきなり田中角栄元総理が外国為替法（外為法）違反で東京地検に逮捕された。田中逮捕のなかで、自民党内には、田中、福田、大平派などからなる「挙党体制確立協議会」（挙党協）が結成され、その処理方法で対立した三木武夫総理を退陣させる「三木おろし」の動きが積極化した。経験豊富な政治巧者の三木は、田中・福田・大平を相手に「三木おろし」の辞任要求を巧みにかわして独特の「三木の粘り」（戸川猪佐武『昭和の宰相7　田中角栄と政権抗争』講談社、一九八二年、一五八頁）で内閣改造を実施して一二月に総選挙に持ち込んだ。結果は自民党の過半数割れの大敗で、三木内閣は降板した。この間、大平を会長とする宏池会は、「三木おろし」・田中擁護の立場にたち、田中派と行動を共にしていた。

一九七六（昭和五一）年一二月から三木の後を受けて総理に就任した福田赳夫はさしたる失点もないにもかかわらず、七八年一二月の総裁選で「予備選で一位をとれなかったものは本選挙を降りるのが筋」（同上書、二三八頁）と語って自信たっぷりに選挙に臨んだ福田自身が、まさかの第二位となり、本選を辞退した結果、田中派の支援を受けて大平が総理の座に就いた。宏池会は池田に継いで二人目の総理を送り出したのである。大平は、田中派の支援を受けたものの福田派などの反主流派との党内調整に困難を来し、一九八〇（昭和五五）年には消費税導入などの不人気とＫＤＤ汚職が絡んで総選挙に突入、大平は過労のなかで急死するが、選挙は「弔い合戦」となり自民党は挙党体制で勝利した。

大平亡き後、その後継総裁には大平を継いで宏池会会長に就任した鈴木善幸が就任する。鈴木善幸は自民党総務会長を長く務めたことに象徴されるように政界では調整役に徹した活動をしてきた。総理に任命されたとき「和の政治」を目指すと表明したことは、それを物語る。しかし就任直後の首相演説の時から官僚作成の原稿の「棒読み善幸さん」（宇治敏彦『鈴木政権・八六三日』行政問題研究所、一九八三年、七三頁）と呼ばれ始めていた。しかも「善幸とは何者」（前掲『総理の品格』一七二頁）とアメリカメディアにいわせるほど国際的知名度は低く、自ら「外交は不得手」と自称するように、「日米同盟に軍事的意味合いはない」と失言して伊東正義外相の辞任を生むなど失策が続き、一九八二（昭和五七）年一一月に中曽《なかそ》根《ね》康弘《やすひろ》が総理の座に就いた。

脱田中時代の宏池会

中曽根康弘が総理に就いた一九八二（昭和五七）年一一月から、八七年一〇月に次期総理後継者に竹下登が指名されるまでの五年間は中曽根時代ともいわれるが、この間に最大派閥だった田中派のなかに大激震が走る。竹下登が田中派を割って自派を立ち上げたのである。それは一九八五（昭和六〇）年二月の創政会と称する勉強会から始まったが、分派行動と知った田中は猛烈な切り崩しをかけるが、その最中に田中は脳こうそくで倒れる。この創政会が経世会と名を変えて文字通りの竹下派となるのは、一九八七（昭和六二）年七月のことだった。脳こうそくで田中の政界での影響力が低下するなか、一九七二（昭和四七）年七月の田中内閣の発足から中曽根内閣中途の八五年二月の創政会の立ち上げまでの約一三年間に及ぶ田中角栄の自民党支配の歴史は終焉を迎える。

その後中曽根内閣は「脱田中」を鮮明にし、一九八七（昭和六二）年一〇月から竹下登の時代が始まる。竹下の政界操縦法は田中のそれと酷似し、院政を敷くことで経世会が政権を操る方式で、宇野宗佑《うのそうすけ》（一九八九年六月〜八月）、海部俊樹《かいふとしき》（一九八九年八月〜九一年一一月）と短命内閣が続き、一九九一（平成三）年一一月に宏池会の会長だった宮澤喜一が総理に就任する。

宏池会はといえば、一九八〇（昭和五五）年から八六年までの六年間は鈴木善幸が会長を務めていた。彼は一九八二（昭和五七）年に総理の座を降りているから、その後も宏池会会長を務めていたことになる。鈴木善幸から宮澤喜一に代わったのは、鈴木が総理を辞任した四年後の一九八六（昭和六一）年九月のことだった。そして宮澤喜一が海部俊樹を継いで総理に就任するのは一九九一（平成三）年一一月だから鈴木退陣から九年の時間が流れていたことになる。この間、宏池会は、総理を送り出してはいない。この間の宏池会について、「よく言えば『充電期間』、悪く言えば党内でちょっと干《ほ》されていた感があった」（木村貢『総理の品格』一九一頁）という。

宏池会会長の宮澤喜一が総理に就任した時、宮澤はすでに七二歳で、総理への挑戦は最後のチャンスであった。大蔵官僚から一九五三（昭和二八）年に政界入りを果たし大平正芳と共に池田勇人の側近として頭角を現し、未来の総理としてその将来が嘱望された。しかし、彼を総理に押し上げた力は竹下派（経世会）であった。経世会会長代行の小沢一郎《おざわいちろう》が派閥事務所に宮澤ら総理候補者を呼びつけて面談したことは、そのことを物語っていた。実際に政権運営は金丸信《かねまるしん》や小沢一郎といった竹下派が握り、宮澤は蚊帳の外という状況だった（朝日新聞政治部『竹下派支配』朝日新聞社、一九九二年）。つまりは宏池会が押し上げたというよりは、竹下派に祭り上げられた感が強かった。

一九九二（平成四）年八月に経世会会長の金丸信が佐川急便から五億円のヤミ献金を受け取ったという政治献金事件が発生、これを機に自民党は分裂、翌九三年六月に内閣不信任案成立に対して宮澤内閣は解散総選挙に打って出たが、勝利を得られず退陣。自民中軸の連立か、非自民かの選択のなかで九三年八月、衆参両院は次期総裁に「日本新党」代表の細川護熙《ほそかわもりひろ》を選出、自民党は一九五五（昭和三〇）年以来、初めて下野することとなった。宏池会は、一九五〇年代後半に池田勇人をもって自民党の有力派閥として出発し、九〇年代初めに宮澤喜一をもって自民党の下野を演出する役割を担うこととなったのである。

宮澤喜一は総理辞任後も宏池会会長のポストにあった。そのポストを加藤紘一に譲るのは一九九八（平成一〇）年一二月のことである。この間、細川護熙、羽田孜《はたつとむ》、村山富市《むらやまとみいち》、橋本龍太郎《はしもとりゅうたろう》と、内閣は短期間で交代している。羽田内閣に至っては、在任わずか六四日、敗戦直後の東久邇宮《ひがしくにのみや》内閣の五四日に次ぐ戦後二番目の短さだった。急死した小渕恵三《おぶちけいぞう》総理の急病を受けて密室での後継総裁の選出協議のなかで選ばれたのは森喜朗《もりよしろう》総理だった。

二〇〇〇（平成一二）年四月に総理に就任した森喜郎は、「日本は天皇中心の神の国」と発言して物議をかもしたが、同年六月の衆議院選では自民党・公明党・保守党の与党三党は後退するも安定多数を確保して乗り切り、一一月には不信任案が提出されるが否決された。

この時、加藤紘一《かとうこういち》自民党元幹事長が不信任案賛成に動き、山崎拓《やまさきたく》のグループも同調する直前で野中広務《のなかひろむ》幹事長らの切り崩しの前に加藤の基盤である宏池会が割れたため、森不信任の行動を断念する「混乱」が発生した。世にいう「加藤の乱」であるが、この背景には総理選出などをめぐる自民党の長老支配への若手の反発があった。しかし、この「加藤の乱」により、自民党のリベラル派を代表してきた宏池会は、加藤と行動を共にした加藤派とそれに反対した堀内派（堀内光雄《ほりうちみつお》）に分裂した。加藤派には小里貞利《おざとさだとし》、谷垣禎一《たにがきさだかず》らが、堀内派には宮澤喜一、池田《いけだ》行彦《ゆきひこ》、古賀《こが》誠《まこと》らが連なった。いずれも自民党リベラル派を代表する面々である。これで全体として自民党リベラル派の力は大きく削がれる結果となった。

宏池会の再統一

分裂していた宏池会が再統一されるのは二〇〇八（平成二〇）年五月のことであった。分裂から七年半が経過していた。この間、森内閣は一年の短命で、二〇〇一（平成一三）年四月に小泉純一郎に内閣を譲っていた。小泉内閣は「聖域なき構造改革」を掲げて郵政民営化、道路公団改革を推し進め、外交では北朝鮮の拉致問題の解決に動くなど活発な活動で五年五か月の任期を終えて、二〇〇六（平成一八）年九月に安倍晋三に政権を譲った。

その後は、安倍《あべ》晋三《しんぞう》、福田《ふくだ》康夫《やすお》、麻生《あそう》太郎《たろう》が二〇〇九（平成二一）年九月までそれぞれが判で押したようにほぼ一年で総理を務めて退陣した。就任期間だけでなく、安倍晋三は祖父に岸信介を、福田康夫は父に福田赳夫を、麻生太郎は祖父に吉田茂をもつ総理経験家系に生まれた「華やかな血脈」という点でも共通していた。

分裂していた宏池会の加藤派を引き継ぐ谷垣派と堀内派を継ぐ古賀派も、安倍、福田、麻生と続く総裁選で協力することで関係を修復し、二〇〇八（平成二〇）年五月に合同へと踏み切ったのである。中宏池会の成立により、宏池会は党内第三派閥となる。翌年の自民党総裁選では、谷垣禎一が勝利し総裁派閥となった。その後は紆余曲折を経て、二〇一二（平成二四）年、古賀に近い岸田文雄が会長に就任した（岸田派）。二〇一七（平成二九）年時点で岸田派のメンバーは、衆議院三〇名、参議院一五名で合計四五名。岸田は第二次・三次安倍内閣で外務大臣を務めた。

田村を継いで長年宏池会事務局長のポストにいた木村貢は、池田・田村以来の宏池会の伝統を踏まえて宏池会の将来の展望を次のように述べる。

「わが宏池会は・・・・小泉政治とも違うし、旧田中派ともまた違う政策を打ち出していくべきだろう。幸い、人材は豊富である。・・・・そのうえ、丹羽、古賀、谷垣、河野の三グループが大同団結して「大宏池会」ができれば、七十人前後の大所帯になる。押しも押されもせぬ大勢力となる。ラテン語には『festina lente《フェスティナ・レンテ》』という諺がある。『悠々として急げ』といったほどの意味であるが、この精神でいけばいい。そして『知恵』と『度胸』で、これまでの宏池会に貼られてきた『公家《くげ》集団』というレッテルを吹き飛ばすのだ。そうした理念のもとに、もし大宏池会構想が実現したら、『宏池会五十年』の何ものにも替えがたい一大記念碑となるであろう。」(前掲『総理の品格』二四七〜二四八頁)

田村敏雄に継ぎ二代目の宏池会事務局長を三六年間務め、池田、前尾、大平、鈴木、宮澤、加藤の七人の会長と苦楽を共にした人物だけに宏池会に送る値千金の言葉であろう。

＊＊＊

田村敏雄ほど激動の時代を力強く生きた人物もおるまい。確かに彼は、京都の山村の農民として一生を終える運命をもちながらこの世に出てきた如く見えた。それが、義務教育を終えた後は、農業を続けながら専門学校入学検定試験を合格して京都府師範学校に入学、さらにそこから高等師範を経て東京帝国大学文学部社会学科に進んでいる。そして在学中に高等文官試験に合格してエリートの道に分け入り、卒業後は大蔵省に入省、若くして山形および仙台の税務署長を務め上げている。

ここで満洲事変が勃発、満洲国が出現すると、関東軍の要請に応じて渡満し、満洲国官吏として建国から産業開発、戦時高度成長政策の第一線での推進者となった。彼は、通化省次長として鉄鉱資源開発の最前線に立ち、続いて民政部教育司長として産業戦士の教育の第一線に立った。つまりは一九三〇年代から四〇年代前半の満洲産業開発の第一線を担ったのである。

戦後は、敗戦とシベリア抑留、ソ連のスパイへの強要、そして帰国とソ連スパイ活動との関係の切断といった厳しい試練を乗り越えて、彼の満洲時代の経験は、一九五〇年代後半から六〇年代前半にかけての日本の高度成長の出発のなかに生かされていく。

田村は、池田勇人のブレーンとして宏池会を組織し、勉強会を通じて下村治の理論をわかりやすい政策へと翻訳し、それを池田の政治活動へとつなげていった。「所得倍増」「月給二倍」政策とは、庶民の目線で、満洲国時代の官僚そして教授としての経験をもつ田村ならではの離れ業だった。しかし、長年の肉体の酷使、無理の連続は田村から健康を奪い去っていった。田村は高度成長のなかで生まれた日本の生活の変化を見る間もなく、一九六三（昭和三八）年八月、静かに消えていった。

なお、本書作成にあたり、大橋正嗣、大橋正規、田村秋夫、山路峯男の諸氏からは田村家と生い立ちの歴史に関し、富田武（成蹊大学名誉教授）氏からはアメリカＮＡＲＡ調査に際して貴重な助言を、北河賢三（早稲田大学教授）、湯川次義（同上）氏からは教育制度に関する貴重な指摘をいただいた。また、谷公一（衆議院議員）、高野力（茗渓会）、山下文生（豊岡市但東振興局地域振興課）、藤克浩（兵庫県東京事務所）、上村寛二（東京但馬会事務局）の諸氏からは田村敏雄の学生時代、郷里関連の資料に関しお世話になった。これらの方々以外にここにお名前は逐一挙げられないが、多くの方々の支援を得た。ここに厚く感謝いたしたい。

田村敏雄に関する年表

年	和暦	田村敏雄関連	国内外と本書に関わる主な動き
一八九六	明治二九	京都府夜久野町（現福知山市）に生まれる	
一九〇二	明治三五	尋常高等小学校入学	
一九〇四	明治三七		二月、日露戦争勃発
一九一〇	明治四三	尋常高等小学校卒業	
一九一五	大正四	専検合格 京都府師範学校（第二部）入学	
一九一六	大正五	東京高等師範学校入学	
一九一七	大正六		三月、一一月、ロシア革命
一九一九	大正八		六月、ヴェルサイユ条約
一九二〇	大正九	東京高等師範卒業 熊本県第二師範学校へ就職	一月、国際連盟発足
一九二一	大正一〇	東京帝国大学（文学部）入学	
一九二二	大正一一	高等文官試験行政科合格	一二月、ソ連が誕生
一九二三	大正一二		九月、関東大震災
一九二四	大正一三	東京帝国大学（文学部）卒業	
一九二五	大正一四	東京帝国大学（経済学部）卒業 大蔵省入省 四月、理財局 一二月、専売局	一月、日ソ基本条約 四月、治安維持法 五月、普通選挙法
一九二六	大正一五 昭和元	四月、預金部 宮川千枝子と結婚	一二月、昭和天皇が即位
一九二七	昭和二	七月、山形税務署長	昭和金融恐慌
一九二八	昭和三		六月、張作霖爆殺事件

年	和暦	田村敏雄関連	国内外本書にかかわる主な動き
一九二九	昭和四	八月、仙台税務署長	一〇月、ウォール街で株暴落が始まる
一九三一	昭和六		三月、「三月事件」 九月、満州事変
一九三二	昭和七	七月、星野直樹らと渡満	三月、満洲国誕生 五月、五・一五事件 六月、関東軍から満州国行き（官僚派遣）要請
一九三六	昭和一一	七月、財政部文書科長（兼）人事科長	
一九三七	昭和一二	七月、通化省次長 一二月、経済部税務司長	七月、盧溝橋事件
一九三八	昭和一三	九月、民政部教育司長	
一九三九	昭和一四		五月、ノモンハン事件
一九四一	昭和一六	一月、大同学院の教官に就任	一二月、太平洋戦争
一九四二	昭和一七	四月、大連税関長	
一九四三	昭和一八		一〇月、学徒出陣
一九四四	昭和一九	四月、浜江省次長	
一九四五	昭和二〇	八月、満洲で玉音放送を聞く 九月、ソ連軍に拘束される 一二月、グロデコヴォ州の収容所 ウスチ・カメノゴルスク収容所	八月、終戦 連合軍最高司令官マッカーサー到着
一九四六	昭和二一	九月、シーバス収容所	
一九四七	昭和二二	五月、フェルガナ収容所	六月、片山哲内閣（日本社会党）
一九四八	昭和二三	（不明）タシケント収容所 一〇月、ペガワード収容所 一二月、タシケント収容所 アングレン収容所	三月、芦田均内閣 一〇月、吉田茂内閣 一一月、東京裁判で東條英機ら七名が死刑判決

年	和暦	田村敏雄関連	国内外本書にかかわる主な動き
一九四九	昭和二四	六月、タシケント収容所 九月、ガラガンダ収容所 一一月、ナホトカ収容所	三月、ドッジ・ライン 四月、北大西洋条約機構（ＮＡＴＯ）発足 五月、ドイツ連邦共和国（西ドイツ）が樹立 一〇月、ドイツ民主共和国（東ドイツ）が樹立
一九五〇	昭和二五	一月、引揚船の高砂丸で舞鶴港に帰還	二月、中ソ友好同盟相互援助条約締結 レッドパージ（日本共産党員と支持者が公職追放） 六月、朝鮮戦争勃発
一九五一	昭和二六	四月、ラストボロフが接触	九月、サンフランシスコ平和条約
一九五二	昭和二七	七月、大蔵財務協会理事長	八月、日印平和条約 国際通貨基金（ＩＭＦ）に加盟 国際復興開発銀行に加盟
一九五三	昭和二八	ラストボロフとの接触なくなる	
一九五四	昭和二九	一月、ラストボロフ失踪事件 二月、大蔵財務協会理事長辞任 五月、『進路』発刊開始 八月、ラストボロフがアメリカに亡命していたとの報道。警視庁から尋問を受ける	三月、第五福竜丸事件 一二月、鳩山一郎内閣が発足
一九五五	昭和三〇		一一月、自由党と日本民主党が合併し、自由民主党誕生（保守合同）。
一九五六	昭和三一	秋ごろ、田村が池田勇人大蔵相（当時）を訪問したとみられる	一〇月、日ソ共同宣言 一二月、石橋湛山内閣が発足、池田勇人が大蔵相 一二月、国際連合に加盟
一九五七	昭和三二	三月、『進路』に池田勇人の講演「一千億減税と完全雇用」が掲載、以降頻繁に論文が掲載される 一〇月、『進路』が宏池会の機関誌になる。（一〇月の第四巻第一〇号から発行所が宏池会に変更） 一一月ごろ、「宏池会」の誕生	二月、石橋湛山内閣総辞職 二月、岸信介内閣（第一次）発足

年	和暦	田村敏雄関連	国内外本書にかかわる主な動き
一九五八	昭和三三	一二月、下村治の論文集を宏池会が出版	六月、岸信介内閣（第二次）発足
一九五九	昭和三四		二月、池田勇人が広島で「所得倍増計画」「月給倍増論」を初めて口にする 三月、池田勇人が『日本経済新聞』に「私の月給二倍論」を発表
一九六〇	昭和三五	一二月、「国民所得倍増計画」が閣議決定	六月、ハガチー事件、安保闘争激化、日米安全保障条約、日米地位協定発効 七月、池田勇人内閣（第一次）が誕生 一一月、総選挙 一二月、池田勇人内閣（第二次）が誕生
一九六二	昭和三七		一〇月、キューバ危機
一九六三	昭和三八	八月、田村死去 九月、『進路』一〇巻第七号は「田村敏雄追悼号」	一二月、池田勇人内閣（第三次）が発足
一九六四	昭和三九		一〇月、東京オリンピック

【参考文献】

◎関係者
石射猪太郎『外交官の一生』読売新聞社、一九五〇年
伊藤昌哉『池田勇人　その生と死』至誠堂、一九六六年
伊藤昌哉『実録　自民党戦国史』朝日ソノラマ、一九八二年
伊藤昌哉『日本宰相列伝（21）池田勇人』時事通信社、一九八五年
大河内一男・清水幾太郎編『わが学生の頃』三芽書房、一九五七年
奥村勝子『追憶奥村喜和男』一九七〇年
香川鉄蔵『満洲で働く日本人』ダイヤモンド社、一九四一年
香川鉄蔵先生追悼集刊行会編『香川鉄蔵』一九七一年
北村敬直編『夢の七十余年　西原亀三自伝』平凡社、一九六五年
木村貢『総理の品格』徳間書店、二〇〇六年
沢木耕太郎『危機の宰相』魁星出版、二〇〇六年、文春文庫、二〇〇八年
塩口喜乙『聞書　池田勇人』朝日新聞社、一九七五年
清水幾太郎『私の読書と人生』要書房、一九五一年
内政史研究会『松隈秀雄氏談話速記録』内政史研究会資料 九三―九五集、一九七一年二、三月
星野直樹『見果てぬ夢』ダイヤモンド社、一九六三年
松隈秀雄『私の回想録』平和厚生会出版部、一九八二年
山本四郎編『西原亀三日記』京都女子大学、一九八三年

◎宏池会関連資料
宏池会『進路』一九五四年五月～一九六三年九月
宏池会25周年記念の会『21世紀への道標　戦後日本と宏池会の25年』一九八三年
宏池会50周年実行委員会『宏池会の五十年　今そして未来へ』二〇〇七年

◎関係機関
京都教育大学一二〇周年記念誌編集委員会編『京都教育大学百二十年史』一九八三年
新京法政大学同窓会編『南嶺慕情』一九九三年
新京法政大学同窓会編『南嶺慕情続編』一九九七年
大同学院史編纂委員会『大いなる哉　満洲』大同学院同窓会、一九六六年
大同学院史編纂委員会『碧空緑野三千里』大同学院同窓会、一九七二年
東京高等師範学校「校報」第三八八号、一九二〇年四月一〇日
東辺道開発株式会社『東辺道』第四号、一九四〇年（康徳七年）七月
一〇〇周年記念誌刊行委員会『社会学研究室の一〇〇年』東京大学文学部社会学研究室、二〇〇四年
満蒙同胞援護会『満蒙終戦史』一九六二年
茗渓会『教育』第四四三号、一九二〇年
茗渓会「『桐の葉』の歌」（茗渓会『茗渓』八五四号、一九六二年七月）

◎研究書
朝日新聞政治部『竹下派支配』朝日新聞社、一九九二年

飯塚浩二『満蒙紀行』筑摩書房、一九七二年
井芹浩文『派閥再編成　自民党政治の表と裏』中央公論社、一九八八年
板垣興一『アジアに道を求めて　藤崎信幸追想』論創社、一九八五年
犬田章「『所得倍増計画』陰の推進者、田村敏雄先生のことども」（拓殖大学海外事情研究所『海外事情』二二巻九号、一九七四年九月）
宇治敏彦『鈴木政権・八六三日』行政問題研究所出版局、一九八三年
梅里助就『ソ連抑留回想』梅里敦（学苑社）、一九八六年
NHK取材版・臼井勝美『張学良の昭和史最後の証言』、角川書店、一九九一年
大島幹雄『虚業成れり　「呼び屋」神彰の生涯』岩波書店、二〇〇四年
大森直樹・金美花・張東亜「中国人が語る『満州国』教育の実態」（東京学芸大学『東京学芸大学紀要』第一部門、教育科学、第四五集）
岡本真希子『植民地官僚の政治史　朝鮮・台湾総督府と帝国日本』三元社、二〇〇八年
香川節「父香川鉄蔵のこと」（植民地文化研究会『植民地文化研究』第二号、二〇〇三年七月）
上久保敏『下村治　「日本経済学」の実践者』日本経済評論社、二〇〇八年
金融財政事情研究会『金融財政事情』一九五六年二月一六日、二月二三日、一九六〇年一一月七日号
小林英夫『「日本株式会社」を創った男　宮崎正義の生涯』小学館、一九九五年
小林英夫『満州と自民党』新潮社、二〇〇五年
小林英夫『〈満洲〉の歴史』講談社、二〇〇八年
小林英夫『自民党と戦後史』KADOKAWA、二〇一四年
小林英夫『関東軍とは何だったのか　満州支配の実像』KADOKAWA、二〇一五年

小林英夫『満鉄調査部』講談社、二〇一五年
下村治「高度成長と私」（『一億人の昭和史7　高度成長の軌跡』毎日新聞社、一九七六年）
受験界社『受験界』第四巻第三号、一九二三年二月
菅原亮芳「戦前日本における『専検』試験検定制度史試論」（立教大学文学部『立教大学教育学科研究年報』第三
　三号、一九八九年二月）
菅原亮芳編『受験・進学・学校　近代日本教育雑誌にみる情報の研究』岳文社、二〇〇八年
鈴木省五郎『ダワイ・ヤポンスキー　シベリヤに生きた日本兵捕虜記』創造、一九七六年
瀬島龍三『幾山河　瀬島龍三回想録』サンケイ新聞ニュースサービス、一九九五年
一九二〇年代史研究会編『一九二〇年代の日本資本主義』東京大学出版会、一九八三年
戦前期官僚制研究会編『戦前期日本官僚制の制度・組織・人事』東京大学出版会、一九八一年
戸川猪佐武『田中角栄と政権抗争』講談社、一九八二年
鳥羽欽一郎『エコノミスト高橋亀吉　生涯現役』東洋経済新報社、一九九二年
富田武『シベリア抑留者たちの戦後　冷戦下の世論と運動　１９４５－５６年』人文書院、二〇一三年
中山隆志『ソ連軍侵攻と日本軍　満洲―１９４５・８・９』国書刊行会、一九九〇年
秦郁彦『官僚の研究　不滅のパワー・1868-1983』講談社、一九八三年
服部兵次郎『戦跡を顧みて』兵書出版社、一九三四年
浜口裕子『日本統治と東アジア社会　植民地期朝鮮と満洲の比較研究』勁草書房、一九九六年
福田赳夫『回顧九十年』岩波書店、一九九五年
松浦周太郎『池田勇人先生を偲ぶ』松浦周太郎、志賀健次郎、一九六七年
松本清張『日本の黒い霧』文藝春秋新社、一九六二年
満洲国史編纂刊行会『満洲国史（総論）』満蒙同胞援護会、一九七〇年

満洲国史編纂刊行会『満洲国史（各論）』満蒙同胞援護会、一九七一年
御厨貴『知と情　宮澤喜一と竹下登の政治観』朝日新聞出版、二〇一一年
宮澤喜一『戦後政治の証言』読売新聞社、一九九一年
湯川次義『近代日本の女性と大学教育　教育機会開放をめぐる歴史』不二出版、二〇〇三年
渡邉恒雄『派閥　保守党の解剖』弘文社、一九五八年
渡邉恒雄・御厨貴ほか『渡邉恒雄回顧録』中央公論新社、二〇〇〇年

◎資料

大蔵省百年史編纂室編『大蔵省人名録　明治・大正・昭和』大蔵財務協会、一九七三年
角田順編『石原莞爾資料、国防論策篇』原書房、一九六七年
岸信介・矢次一夫・伊藤隆『岸信介の回想』文芸春秋社、一九八一年
国民経済研究協会・金属工業調査会戦時経済調査資料生拡（資）『第一次満洲産業開発五箇年計画書』一九四六年
杉山公子『哈爾濱物語　それはウラジオストクからはじまった』地久館、一九八五年
全国中等学校地理歴史教育協議会編『全国中等学校地理歴史教員第十三回協議会及満洲旅行報告書』全国中等学校地理歴史協議会、一九四〇年
ソ連における日本人捕虜の生活体験を記録する会編『捕虜体験記（5　中央アジア篇）』ソ連における日本人捕虜の生活体験を記録する会、一九八六年
早坂茂三『早坂茂三の「田中角栄」回想録』小学館、一九八七年
林久治郎『満洲事変と奉天総領事　林久治郎遺稿』原書房、一九七八年
原彬久『岸信介証言録』毎日新聞社、二〇〇三年
防衛庁防衛研修所戦史室編『関東軍』2、朝雲新聞社、一九七二年
満洲回顧集刊行会『あゝ満洲』満洲回顧集刊行会、一九六五年

満洲国通信社『満洲国現勢』康徳五年版、一九三八年
満洲重工業開発株式会社『満州重工業資源の開発と満業の使命』一九三九年
満蒙資料協会『満洲紳士録』一九三七度版
満蒙資料協会『第三版、満洲紳士録』一九四〇年度版
満蒙資料協会『第四版、満洲紳士録』一九四三年度版
三好徹『小説ラストボロフ事件』講談社、一九七一年
読売新聞社『週刊読売』一九五四年九月一二日号

◎田村著作
田村敏雄『満洲帝国経済全集』租税編前篇、東光書苑、一九三八年
田村敏雄『教育国家論』有斐閣、一九四一年
田村敏雄『満洲と満洲国』有斐閣、一九四一年
田村敏雄「捕虜と食物」（ソ連問題研究会『ソ連研究』第五巻第五号、一九五六年五月）
F．S．C．ノースロップ（桜沢如一・田村敏雄共訳）『東洋と西洋の会合』世界政府協会、一九五二年
グスターブ・カッセル（田村敏雄・毛里英於菟共訳）『世界の通貨問題　購買力平価説』日本評論社、一九二八年
下村治（田村敏雄編集）『経済成長実現のために　下村治論文集』宏池会、一九五八年

◎地方史
福知山市史編纂委員会『福知山市史』第四巻、一九九六年
夜久野町史編纂室『夜久野町史』第四巻、福知山市、二〇一三年

THIS MUST REMAIN T O P D O C U M E N T

DOSSIER NO. G8161373

As of 27 JUL 1973 all material
(Date)

included in this file conforms with

DA policies currently in effect.

[signature] 27 JUL 1973
(Signature) (Date Signed)

WILLIEFAIR HOLDEN, PFC
(Printed Name) (Grade)

MICRO ACTION TAKEN
041174 3157

Investigative Records Repository (IRR)
Reviewed for retention criteria UP AR380-13)
Reviewer Thomas Bellamy Date May 27, 83

THIS MUST REMAIN T O P D O C U M E N T

IC Form 315
1 Sep 72

NACP
RG
Entry # / Title

DECLASSIFIED
Authority NND007017

1973年7月27日時点で当ファイルに含まれているすべての内容は現行のDA（陸軍省と思われる）ポリシーに合致している。

エージェントレポート（SR 380-320-10）

提出日：1954年8月4日

ファイルナンバー：441-207138（2）

当事者の氏名：田村　敏雄

Reproduced from the Unclassified / Declassified Holdings of the National Archives

~~Secret~~

AGENT REPORT
(SR 380–320–10)

KH/rac

1. Name of Subject or Title of Incident TAMURA, Toshio	2. Date Submitted 4 August 1954 3. Control Symbol or File Number 441-207138 (2)

FOR OFFICIAL USE ONLY

4. Report of Findings

AGENT'S NOTES: The overall evaluation of B-2 applies to the Security Group files and does not reflect the reliability of the source or the credibility of the information contained in the above summarized report.

DOWNGRADED AT 12 YEAR INTERVALS;
NOT AUTOMATICALLY DECLASSIFIED.

~~CONFIDENTIAL~~
REGRADED
by
authority C USACRF
date

~~Secret~~

Page 3 of 5 Pages
Copy 5 of 8 Copies

FOR OFFICIAL USE ONLY

~~CONFIDENTIAL~~

5. Typed Name and Organization of Special Agent RICHARD C. CACCIATO, Headquarters, Region IV, 441st CIC Det	6. Signature of Special Agent /S/ Richard C. Cacciato

DA FORM 1 APR 52 341 Replaces WD AGO Form 341, 1 Jun 47, Which may be used. 310-700-Army-AG Admin Cen-AFFE-100M

DECLASSIFIED
Authority NND007017

調査官（エージェント）のメモ：
B-2の全体としての評価はセキュリティグループのファイルのものと一致しているが、この要約レポートに含まれる情報源の信頼性や情報の信憑性を反映するものではない。

機密扱いを必要とし外国人への公開は認めず。

DECLASSIFIED

CHIEF, CIC

[redacted]

AGENT REPORT
(SR 380-320-10)

KH/rac 15998

1. Name of Subject or Title of Incident FOR OFFICIAL USE ONLY ~~CONFIDENTIAL~~ TAMURA, Toshio	2. Date Submitted 4 August 1954 3. Control Symbol or File Number 441-207138 (2)

4. Report of Findings

* *
* SPECIAL HANDLING REQUIRED *
* NOT RELEASABLE TO FOREIGN NATIONALS *
* EXCEPT NONE. BY AUTHORITY *
* OF CO, 441st CIC DET 12 MAY 1954 *
* *

2. On 17 July 1954, a Confidential Source submitted the following information concerning TAMURA, Toshio (田村敏雄), who has been reported as being an espionage agent for the former Soviet Mission, 1-banchi, Mamiana-cho, Azabu, Minato-ku, Tokyo-to:

TAMURA's present address is [redacted], Sanye-cho, Yoyogi, Shibuya-ku, Tokyo-to. HE was born on 13 May 1896, and at one time was the Vice-Governor of a province in Manchuria. At the end of World War II, HE was interned by the Soviets and in January 1950 was repatriated to Japan. TAMURA reportedly has been "dropped" by the Soviet Mission in Tokyo. (B-2)

DOWNGRADED AT 12 YEAR INTERVALS;
NOT AUTOMATICALLY DECLASSIFIED.
DOD DIR 5200.10

~~CONFIDENTIAL~~

REGRADED ______
by ______
authority C, USACRF
date 18 7 '61 865

~~Secret~~

Page 1 of 5 Pages
Copy 5 of 8 Copies

Incl 25

~~CONFIDENTIAL~~

5102731

5. Typed Name and Organization of Special Agent RICHARD C. CACCIATO, Headquarters, Region IV, 441st CIC Det	6. Signature of Special Agent W. E. [signature] /S/ Richard C. Cacciato

DA FORM 341 Replaces WD AGO Form 341, 1 Jun 47 FOR OFFICIAL USE ONLY

2. 1954年7月17日、機密情報源から田村敏雄に関する下記の情報が提出された。同氏は旧ソビエト機関（大使館）（東京都港区麻布狸穴町1番地）の諜報要員だったと報じられている。

田村の現住所は東京都渋谷区代々木山谷町□□。1896年5月13日生まれで一時満州の省次長を務めていた。第二次大戦後ソ連に抑留され1950年1月日本に送還された。田村は東京のソ連大使館に「捕まった」とみられている。

Reproduced from the Unclassified / Declassified Holdings of the National Archives

Secret

AGENT REPORT
(SR 380-320-10)

MKH/rlv

FOR OFFICIAL USE ONLY

1. Name of Subject or Title of Incident: TAMURA, Toshio

CONFIDENTIAL

REGRADED CONFIDENTIAL
by
authority CG USACRF
date 18 7 '61 8 65

2. Date Submitted: 4 August 1954

3. Control Symbol or File Number: 441-207138 (2)

4. Report of Findings

3. On 21 July 1954, a check of the files of the Security Group, G-2, 8110th Army Unit, Headquarters, United States Army Forces Far East (Advance), APO 613, revealed the following information concerning TAMURA, Toshio (田村敏雄):

Who's Who in (illegible), Central Liaison Office, unevaluated:
DOB: May 1896, Kyoto-fu.
Education:

1920: Graduated from Tokyo Higher Normal School
1924: Graduated from Tokyo Imperial University (in Sociology)
1925: Graduated from Tokyo Imperial University (in Economics)

Employment:

(undated): Chief of Taxation Offices of Yamagata and Sendai
1932: Secretary, Department of Finance, Manchuria; Chief of National Taxation Section, Taxation Bureau; Acting Director of General Bureau of Mines; Secretary, Department of Finance; Acting Director of Taxation Bureau.
1936: Chief, Personnel Section, Department of Finance; Acting Chief of Accountant Section, Department of Finance.
Jul 1937: Vice-Governor of Tunghwa Province, Manchuria.
Dec 1937: Director of Taxation Bureau, Department of Economics.
Sep 1938: Director of Bureau of Education, Department of Civil Administration; Concurrently Instructor of Daido-Gakuin (Tatung Academy); President of the Board of Industry and Mining; Director of Control Division; Director of Shido Higher School; Vice-Director of Dairen Customs; Director in Charge of Dairen Customs.
Apr 1942: Director of Dairen Customs and, concurrently, Councillor of Board of General Affairs; Member of Research Institute of Daido-Gakuin; Vice-Governor of Pinkiang Province, Manchuria.

File 5505, Book 15, Page 47, Dated 22 May 52, evaluated F-6:

TAMURA, when repatriated after HIS internment in Siberia, visited HIS college classmate, Ikeda, Hayato, the Finance Minister. Noticing that TAMURA was shabbily dressed, Ikeda bought HIM a new wardrobe. TAMURA said that HE was engaged in the publication of a newspaper called "World Government". Although those that are connected with the newspaper are not Japan Communist Party members, their ideology appears to parallel those of the communists. Since the publication does not operate at a profit, it is alleged that the publication and TAMURA are being financed by Ikeda and others, possibly including the Soviets, who believe in promoting the communist cause in Japan. (B-2)

FOR OFFICIAL USE ONLY

DOWNGRADED AT 12 YEAR INTERVALS; NOT AUTOMATICALLY DECLASSIFIED. DOD DIR 5200.10

Page 2 of 5 Pages
Copy 5 of 8 Copies

Secret

CONFIDENTIAL

5. Typed Name and Organization of Special Agent: RICHARD C. CACCIATO, Headquarters, Region IV, 441st CIC Det

6. Signature of Special Agent: /s/ Richard C. Cacciato

DA FORM 341 1 APR 52 Replaces WD AGO Form 341, 1 Jun 47, Which may be used.

310-769-Army-AG Admin Cen-AFFE-100M

DECLASSIFIED
Authority NND007017

3. 1954年7月21日、米軍極東本部のセキュリティファイルを調べて田村敏雄に関する下記の情報が判明した。

生年月：1896年5月　京都府

学歴：1920年：東京高等師範学校卒
　　　1924年：東京帝国大学（社会学）卒
　　　1925年：東京帝国大学（経済学）卒

職歴：(年不詳)　　：山形、仙台税務署長
　　　1932年　　　：満州国財政部事務官、国税科長、鉱山総局次官付、財政部理事官、税務司長職務代行
　　　1936年　　　：財政部人事科長、財政部理事官
　　　1937年7月　：満州国通化省次長
　　　1937年12月：経済部税務司長
　　　1938年9月　：民政部教育司長、大同学院教授兼務、鉱工業司長、管理部門司長、師道高等学校長、大連副税関長、税関長
　　　1942年4月　：大連税関長兼総務局審議官、大同学院研究所員、満州国浜江省次長
　　　ファイル5505：15巻47頁1952年5月22日F-6で評価

田村はシベリア抑留から帰還した時、学友(大蔵省同期)の池田勇人大蔵大臣を訪問。池田は田村がみすぼらしい服装であることに気がつき、田村に新しい服を買い与えた。田村は「世界政府」という新聞の発行に従事していた。同紙の関係者は日本共産党員ではなかったが、イデオロギーは共産主義者のものと同列と思われた。同紙の発行は赤字だったため田村は池田及びその他、またおそらくは日本における共産主義の浸透を図ろうとしていたソ連から財政的な支援を受けていたと断言できる。

Reproduced from the Unclassified / Declassified Holdings of the National Archives

AGENT REPORT
(SR 380-320-10)

KH/rac

1. Name of Subject or Title of Incident
CONFIDENTIAL
TAMURA, Toshio

2. Date Submitted
4 August 1954

3. Control Symbol or File Number
441-207138 (2)

FOR OFFICIAL USE ONLY

4. Report of Findings

4. On 21 July 1954, a check of the files of Headquarters, 441st CIC Detachment, APO 500, revealed the following information concerning TAMURA, Toshio (田村敏雄): Summarized information evaluated F-6:

Immediately after the surrender of the Japanese Forces in August 1945, 570 prisoners of war were taken to Angren Area No. 387, Sub-Camp No. 1, for internment. Within the camp, various sections were established for indoctrination purposes and within each section a Democratic Group was organized. The Democratic Group within the 3rd Section was headed by TAMURA, Toshio, Japanese, address unknown, a civilian internee. TAMURA was a high political figure in the Harbin, Manchuria area, a graduate of the Tokyo Imperial University, and a member of the Heiwa Kai (Peace Society), an anti-communist organization with headquarters in Shinkyo, Manchuria.

Summarized information evaluated F-6:
TAMURA, Toshio was repatriated from Siberia aboard the Takasago Maru. HE arrived at the port of Maizuru, Kyoto-fu on 21 January 1950.

Name:	TAMURA, Toshio, Japanese, age 53
Address:	c/o Miyakawa, No. [redacted], Iogi, Suginami-ku, Tokyo-to.
Honseki:	No. [redacted], Aza Namomi, Kami Kakuno-mura, Amata-gun, Kyoto-fu.
Rank:	Civilian
Remarks:	TAMURA was interned in Kamenogorsk No.45 POW District from from September 1945 to April 1946; Fergana No.387 from April 1946 to December 1946; Begvad No.288 from October 1948 to May 1949; Karaganda No.99-9 from May 1949 to January 1950; Nakhodka No.380-4 in January 1950. (B-2)

AGENT'S NOTES: The overall evaluation of B-2 applies to the CIC files and does not reflect the reliability of the source or the credibility of the above information.

DOWNGRADED AT 12 YEAR INTERVALS;
NOT AUTOMATICALLY DECLASSIFIED.
DOD DIR 5200.10

CONFIDENTIAL

Secret

REGRADED
by
authority Co USACRF
date 18 7 '61 865

Page 4 of 5 Pages
Copy 5 of 8 Copies

FOR OFFICIAL USE ONLY

CONFIDENTIAL

5. Typed Name and Organization of Special Agent
RICHARD C. CACCIATO, Headquarters,
Region IV, 441st CIC Det

6. Signature of Special Agent
/S/ Richard C. Cacciato

DA FORM 1 APR 52 341 Replaces WD AGO Form 341, 1 Jun 47, Which may be used.

310-789-Army-AG Admin Cen-AFFE-100M

DECLASSIFIED
Authority NND007017

4. 1954年7月21日、441st CIC Detachment, Region Ⅳ APO 500本部のファイルを調べて田村敏雄に関する下記の情報が明らかになった。

1945年8月、日本軍の敗北の後、570名の捕虜がサブキャンプNo.1アングレン387地区に抑留のため拘置された。キャンプ内では洗脳のため様々な班が結成され、各班には民主主義グループが組織された。3班の中の民主主義グループでは住所不詳の平民抑留者の田村敏雄が班長だった。田村は満州国ハルビンでは非常に政治的に長けた人物とされ、東京帝大卒、新疆に本部を置く反共組織、平和会のメンバーであった。

情報F-6を要約すると、:
田村敏雄は高砂丸でシベリアから帰還、1950年1月21日、京都府の舞鶴港に到着した。
氏名：田村敏雄、日本人53歳
住所：東京都杉並区井荻□□　　宮川気付
本籍地：京都府天田郡上夜久野村字直見□□
身分：平民
備考：1945年9月～1946年4月 カメノゴルスク45地区捕虜収容所
　　　1946年4月～12月 フェルガナ387
　　　1948年10月～1949年5月 ペガワード288
　　　1949年5月～1950年1月 カラガンダ99-9
　　　1950年1月 ナホトカ　380-4

調査官のメモ：B-2の全体としての評価はCICファイルのもの一致しているが、情報源の信頼性や上記情報の信憑性を反映するものではない。

Reproduced from the Unclassified / Declassified Holdings of the National Archives

AGENT REPORT
(SR 380–320–10)

~~Secret~~ IKH/rac

1. Name of Subject or Title of Incident

~~CONFIDENTIAL~~

TAMURA, Toshio

FOR OFFICIAL USE ONLY

2. Date Submitted
4 August 1954

3. Control Symbol or File Number
441-207138 (2)

4. Report of Findings

4. On 21 July 1954, a check of the files of Headquarters, Region IV, 441st CIC Detachment, APO 500, concerning SUBJECT revealed substantially the same information as contained in the files of Security Group, G-2, 8110th Army Unit, Headquarters, United States Army Forces Far East (Advance), APO 613.
(B-2)

~~CONFIDENTIAL~~
REGRADED
by
authority C. USACPF
date 18 7 '61 865

~~CONFIDENTIAL~~

~~Secret~~

FOR OFFICIAL USE ONLY

DOWNGRADED AT 12 YEAR INTERVALS;
NOT AUTOMATICALLY DECLASSIFIED.
DOD DIR 5200.10

Page 5 of 5 Pages
Copy 5 of 8 Copies

5. Typed Name and Organization of Special Agent
RICHARD C. CACCIATO, Headquarters, Region IV, 441st CIC Det

6. Signature of Special Agent
/S/ Richard C. Cacciato

DA FORM 1 APR 52 341 Replaces WD AGO Form 341, 1 Jun 47, Which may be used. 310-760-Army-AG Admin Cen-AFFE-100M

DECLASSIFIED
Authority NND007017

4. 1954年7月21日、APO500　441分遣地域Ⅳ本部の当事者に関するファイルをチェックしたところ、極東陸軍本部のセキュリティグループのファイルの内容と基本的に同一であることが判明した。(B-2)

Reproduced from the Unclassified / Declassified Holdings of the National Archives

C.HIEF CIC

FOR OFFICIAL USE ONLY

AGENT REPORT
(SR 380-320-10)

MKH/blr 15998

1. Name of Subject or Title of Incident TAMURA, Toshio	2. Date Submitted 30 July 1954
	3. Control Symbol or File Number 441-207138 (2)

4. Report of Findings

* *
SPECIAL HANDLING REQUIRED
NOT RELEASABLE TO FOREIGN NATIONALS
EXCEPT NONE. BY AUTHORITY
OF CO. 441st CIC DET. 12 MAY 1954
* *

6. On 10 July 1954, CI-IV-665 submitted the following information obtained in a conversation with SUBJECT, an alleged espionage agent for the former Soviet Mission, 1-banchi, Mamiana-cho, Azabu, Minato-ku, Tokyo-to:

In January 1954, SUBJECT sold his house at [redacted] chome, Egota, Nakano-ku, Tokyo-to, to [redacted]);male Japanese; because he was badly in need of money. ~~He later purchased~~ a less expensive and smaller house [redacted], Sanya, Shibuya-ku, Tokyo-to, where he is presently residing. (B-2)

REGRADED ~~CONFIDENTIAL~~
by
authority Co USACRF
date 18 7 '61 863

DOWNGRADED AT 12 YEAR INTERVALS;
NOT AUTOMATICALLY DECLASSIFIED.
DOD DIR 5200.10

~~CONFIDENTIAL~~

Page 1 of 1 Page
Copy 4 of 7 Copies

5102730

FOR OFFICIAL USE ONLY

5. Typed Name and Organization of Special Agent ELY KASTENBAUM, Headquarters, Region IV, 441st CIC Det	6. Signature of Special Agent /S/ Ely Kastenbaum

DA FORM 1 APR 52 341 Replaces WD AGO Form 341, 1 Jun 47, Which may be used. 45-109-Army-AG Admin Cen-AFFE-100M

DECLASSIFIED
Authority NND007017

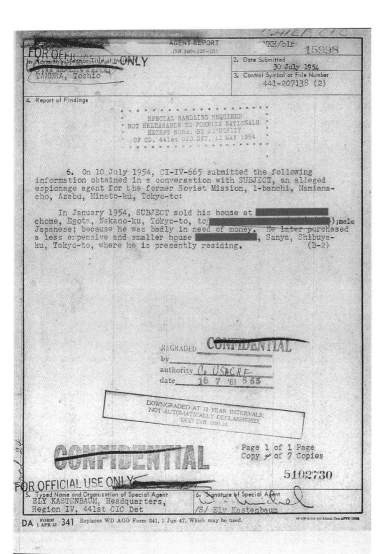

6. 1954年7月10日、CI-IV-665は旧ソ連大使館のスパイとされていた当事者との会話によって得られた下記情報を提出した。

1954年1月、当事者は金に窮していたため中野区江古田□□の自宅を□□□に売却した。その後当事者は渋谷区山谷□□の小さな家を廉価で購入し、今も居住している。

Reproduced from the Unclassified / Declassified Holdings of the National Archives

CHIEF, CIC

[redacted] AGENT REPORT (SR 380-320-10) MKH/chp 15998

1. Name of Subject or Title of Incident — FOR OFFICIAL USE ONLY [redacted] TAMURA, Toshio	2. Date Submitted 6 August 1954 3. Control Symbol or File Number 441-207138 (2)

4. Report of Findings

* *
SPECIAL HANDLING REQUIRED
NOT RELEASABLE TO FOREIGN NATIONALS
EXCEPT NONE. BY AUTHORITY
OF CO, 441st CIC DET. 12 MAY 1954
* *

7. On 10 July 1954, CI-IV-665 submitted the following information concerning SUBJECT, an alleged espionage agent for the former Soviet Mission, 1-banchi, Mamiana-cho, Azabu, Minato-ku, Tokyo-to:

Immediately after the end of World War II, SUBJECT, who was stationed in Harbin, was arrested by the Soviet authorities and thrown into a Harbin prison. While in prison, SUBJECT did not engage in any hard labor because HE reportedly was suffering from a nervous condition. Later HE was transferred to the Kazakstan POW camp, where HE became active in many activities at the camp and was known as a model prisoner. After SUBJECT was repatriated to Japan, HE borrowed ¥50,000 from HIS former schoolmate, Finance Minister Ikeda (池田). Because SUBJECT appeared destitute, Ikeda also gave HIM a suit of clothes. Subsequently SUBJECT organized the Sekai Seifu Kyo Kai (世界政府協会)(World Government Society), an organization which although supposedly rightist in nature, advocated policies paralleling those prescribed by the Japan Communist Party. The organization produced a weekly paper called the Sekai Seifu (世界政府)("World Government"), which by coincidence, was discontinued at the same time that the leaders of the Japan Communist Party went underground. SUBJECT has a brother, name unknown, who is an official in a town office in Amata-gun, Kyoto-fu. (B-3)

REGRADED ~~CONFIDENTIAL~~
by
authority C, USA CRF
date 18 7 '61 8 65

DOWNGRADED AT 12 YEAR INTERVALS;
NOT AUTOMATICALLY DECLASSIFIED.
DOD DIR 5200.10

~~CONFIDENTIAL~~ ~~SECRET~~

Page 1 of 1 Page
Copy 5 of 8 Copies
5102732

FOR OFFICIAL USE ONLY

5. Typed Name and Organization of Special Agent ELY KASTENBAUM, Headquarters, Region IV, 441st CIC Det	6. Signature of Special Agent W. E. Nichel /s/ Ely Kastenbaum

DA FORM 1 APR 52 341 Replaces WD AGO Form 341, 1 Jun 47, Which may be used. 45-109-Army-AG Admin Cen-AFFE-100M

DECLASSIFIED

7. 1954年7月10日、CI-IV-665は当事者（田村）に関する下記の情報を提出した。

第二次大戦後すぐに、ハルビンに駐在していた当事者はソ連に逮捕され、ハルビン刑務所に投獄された。刑務所では神経疾患を患っていると判断されたため強制労働には従事しなかった。その後カザフスタン捕虜収容所に移された。そこでは様々な活動に積極的に従事して模範囚と評価されていた。日本に帰還した後、以前の学友（大蔵省同期）であった池田蔵相から5万円を借用した。田村がみすぼらしい格好をしていたため、池田は服も与えた。その後、世界政府協会を組織した。同組織は右翼とみられていたが、日本共産党の政策と近い政策を信奉していた。同協会は「世界政府」という週刊紙を発行していたが、日本共産党のリーダーたちが地下に潜入したのと同時に発行を停止した。田村は京都府天田郡の町役人だった氏名不詳の兄弟がいる。

Reproduced from the Unclassified / Declassified Holdings of the National Archives

[redacted] AGENT REPORT
(SR 380–320–10)

MKH/dew 15998

1. Name of Subject or Title of Incident FOR OFFICIAL USE ONLY CONFIDENTIAL TAMURA, Toshio	2. Date Submitted 10 September 1954 3. Control Symbol or File Number 441-207138 (2)

4. Report of Findings

SPECIAL HANDLING REQUIRED
NOT RELEASABLE TO FOREIGN NATIONALS
EXCEPT NONE, BY AUTHORITY
OF CO, 441st CIC DET. 12 MAY 1954

DOB 596

8. On 30 August 1954, CI-IV-661 disclosed that TAMURA, Toshio (田村敏雄), a confessed espionage agent for the former Soviet Mission, 1-banchi, Mamiana-cho, Azabu, Minato-ku, Tokyo-to, indicated to Source on the above date that HE intended to commit suicide. No criminal action has been planned against SUBJECT. (B-2)

CONFIDENTIAL

REGRADED
by
authority CG USACRF
date 18 7 '61 865

DOWNGRADED AT 12 YEAR INTERVALS;
NOT AUTOMATICALLY DECLASSIFIED.
DOD DIR 5200.10

Incl 27

CONFIDENTIAL [redacted]

FOR OFFICIAL USE ONLY

Page 1 of 1 Page
Copy 5 of 8 Copies
5102733

5. Typed Name and Organization of Special Agent EDWARD HURWITZ, Headquarters, Region IV, 441st CIC Det	6. Signature of Special Agent /s/ Edward Hurwitz

DA FORM 1 APR 52 341 Replaces WD AGO Form 341, 1 Jun 47, Which may be used. 47-1126-Army-AG Admin Cen-AFFE-300M

DECLASSIFIED
Authority NND007027

8. 1954年8月30日、旧ソ連大使館のスパイだったと告白した田村敏雄が当局に対して自殺の意図を表明したことをCI-IV-665が明らかにした。田村に対して刑事訴訟を行う計画はなかった。

Reproduced from the Unclassified / Declassified Holdings of the National Archives

~~Secret~~ AGENT REPORT (SR 380-320-10) KH/rao 15998 CHIEF CIC

1. Name of Subject or Title of Incident: TAMURA, Toshio ~~CONFIDENTIAL~~

2. Date Submitted: 27 October 1954

3. Control Symbol or File Number: 441-207138 (2)

4. Report of Findings

DOWNGRADED AT 12 YEAR INTERVALS; NOT AUTOMATICALLY DECLASSIFIED. DOD DIR 5200.10

FOR OFFICIAL USE ONLY

REGRADED ~~CONFIDENTIAL~~ by authority CoUSACRF date 18 7 61 865

* * * * * * * * * * * * * * * * * * * *
* SPECIAL HANDLING REQUIRED
* NOT RELEASABLE TO FOREIGN NATIONALS
* EXCEPT NONE. BY AUTHORITY
* OF CO, 441st CIC DET. 12 MAY 1954
* * * * * * * * * * * * * * * * * * * *

9. On 27 September 1954, the following information was obtained from a confidential source:

TAMURA, Toshio (田村敏雄); DOB 12 May 1896; Present address [redacted]-banchi, Yoyogi-sanya-cho, Shibuya-ku, Tokyo-to; Permanent address [redacted]-banchi, Aza Naomi, Kami Yakuno-mura, Tenda-gun, Kyoto-fu. [redacted]

A summary of SUBJECT'S educational background follows:

Apr 1915 to Apr 1916: Kyoto Prefectural Normal School
Apr 1916 to Mar 1920: Tokyo Higher Normal School
Apr 1921 to Mar 1924: Sociology Department, Tokyo Imperial University
Apr 1924 to Mar 1925: Economics Department, Tokyo Imperial University

Following is an outline of TAMURA'S employment since 1920:

Mar 1920: Instructor at Kumamoto Prefectural Normal School No.2.
Apr 1921: Secretary to the chief of the Monopoly Bureau, Finance Ministry.
Jul 1932: Resigned as chief of the Sendai Tax Office.

Shortly thereafter, SUBJECT was appointed as chief of the Federal Tax Section, in the Finance Division of the Manchukuo Government. HE was recommended for this position by Ishiwatari, Hanataro (石渡花太郎), chief of the Federal Tax Section.

SUBJECT held the following other positions in the Manchukuo Government:

FOR OFFICIAL USE ONLY

Page 1 of 5 Pages
Copy 5 of 8 Copies

~~CONFIDENTIAL~~ ~~Secret~~

5102734

Incl 21

5. Typed Name and Organization of Special Agent: EDWARD HURWITZ, Headquarters, Region IV, 441st CIC Det

6. Signature of Special Agent: R. T. Scheiber /s/ Edward Hurwitz

DA FORM 1 APR 52 341 Replaces WD AGO Form 341, 1 Jun 47, Which may be used.

47-1126-Army-AG Admin Cen-AFFE-300M

DECLASSIFIED

9. 1954年9月27日、下記情報を機密情報源から取得した。田村敏雄の生年月日：1896年5月12日：現住所は東京都渋谷区山谷町□□、本籍は京都府天田郡上夜久野村字直見□□.

学歴（概略）

1915年4月～1916年4月：京都府師範学校

1916年4月～1920年3月：東京高等師範学校

1921年4月～1924年3月：東京帝国大学社会学部(文学部)

1924年4月～1925年3月：東京帝国大学経済学部

1920年以降の職歴

1920年3月：熊本県第二師範学校の教員

1921年4月：大蔵省専売局長官官房付

1932年7月：仙台税務署長を退任

その後間もなくして、満州国財政部国税科長に任命。これは国税科長石渡花太郎の推奨によるもの。

満州国では他に下記のような役職を歴任。

Reproduced from the Unclassified / Declassified Holdings of the National Archives

AGENT REPORT
(SR 380–320–10)

MKH/rac

Secret

FOR OFFICIAL USE ONLY

CONFIDENTIAL

1. Name of Subject or Title of Incident

TAMURA, Toshio

2. Date Submitted
27 October 1954

3. Control Symbol or File Number
441-207138 (2)

4. Report of Findings

DOWNGRADED AT 12 YEAR INTERVALS;
NOT AUTOMATICALLY DECLASSIFIED.
DOD DIR 5200.10

REGRADED CONFIDENTIAL
by
authority CoUSACRF
date 18 7 '61 865

Commissioner of the Finance Division.
Councillor on the General Affairs Board.
Professor at Daido Institute.
Deputy Governor, Tunghwa Province.
Chief of the Education Bureau, Civil Administrative Division.
Chief, Dairen Tax Office.
In April 1944, HE was appointed Deputy Governor of Pinchiang Province.

On 28 September 1945, SUBJECT was arrested by the Soviets in Harbin. Following is a chronology of HIS internment in the Soviet Union:

13 December 1945: Interned at Grodekovo PW Camp in one of the maritime provinces of USSR.

Dec 1945 to Sep 1946:	Ust-Kamenogorsk PW Camp in Kazakh SSR.
Sep 1946 to May 1947:	Chivas (phonetic) PW Camp Uzbek SSR.
May 1947 to Oct 1948:	Fergana PW Camp Uzbek SSR.
Oct 1948 to Dec 1948:	Begovad PW Camp Uzbek SSR.
To 24 Dec 1948:	Tashkent PW Camp.
Dec 1948 to Jun 1949:	Coal mine area in Angren.
Jun 1949 to Sep 1949:	Tashkent PW Camp.
Sep 1949 to Nov 1949:	Karaganda PW Camp.
Nov 1949 to Jan 1950:	Interned at Nakhodka.
19 January 1950:	SUBJECT arrived at the port of Maizuru in Japan aboard the Takasago-maru.

During HIS internment in the Soviet Union, SUBJECT was interrogated on three (3) different occasions by the Soviets. The questioning occurred after working hours and took place in a room located in the officers' quarters. SUBJECT was interrogated by a major using a Korean interpreter, who was also a Soviet officer. Generally, the questioning concerned HIS positions in the Manchurian Government, HIS alleged anti-Soviet activities, the Kyowa Kai (共和会)(Concordia Society), and HIS associates. SUBJECT believed that the purpose of these questions, in part, was to induce HIM to believe that HE actually was a war criminal, and as such was subject to punishment. The questions were also intended to determine SUBJECT'S suitability for recruitment as an espionage agent.

Upon completion of the interrogation, the major confronted SUBJECT with a statement, written in Japanese, and asked HIM to sign it. The statement asserted

Page 2 of 5 Pages
Copy 5 of 8 Copies

CONFIDENTIAL Secret

FOR OFFICIAL USE ONLY

5. Typed Name and Organization of Special Agent
EDWARD HURWITZ, Headquarters,
Region IV, 441st CIC Det

6. Signature of Special Agent
Rudolph T Sieber
/s/ Edward Hurwitz

DA FORM 1 APR 52 341 Replaces WD AGO Form 341, 1 Jun 47, Which may be used.

47-1126-Army-AG Admin Cen-AFFE-300M

DECLASSIFIED
Authority NND007017

財務局理事、総務局審議官、大同学院教授、通化省次長、民政部教育司長、大連税務署長、1944年4月、浜江省次長に任命された。

1945年9月28日、ハルビンでソ連に逮捕された。

ソ連における抑留歴は下記のとおり。

1945年12月13日：ソ連の臨海州の一つであるグレドコボ州の捕虜収容所。
1945年12月～1946年9月：カザフ共和国のウスチ・カメノゴルスク捕虜収容所
1946年9月～1947年5月：ウズベク共和国のシーバス捕虜収容所
1947年5月～1948年10月：ウズベク共和国のフェルガナ捕虜収容所
1948年10月～12月：ウズベク共和故国のペガワード捕虜収容所
1948年12月24日まで：タシケント捕虜収容所
1948年12月～1949年6月：アングレン炭鉱地区
1949年6月～9月：タシケント捕虜収容所
1949年9月～11月：カラガンダ捕虜収容所
1949年11月～1950年1月：ナホトカに抑留
1950年1月19日：高砂丸に乗船して日本の舞鶴港に帰還

抑留中3回にわたってソ連側から尋問を受けた。尋問は労働時間の後、士官地域の部屋で朝鮮人の通訳を通じてソ連の少佐によって行われた。通訳もソ連の士官だった。大体において尋問は満州国政府における田村の地位、反ソ活動、共(協)和会、交友などに関するものだった。田村はこうした尋問の目的は自分が実際には戦争犯罪人であり、罰せられると思い込ませるためだと信じていた。また、諜報員をリクルートする適正があるかどうかを見極めるためでもあった。

尋問が終わると少佐は日本語で書かれた文書を田村に見せ署名するよう求めた。

Reproduced from the Unclassified / Declassified Holdings of the National Archives

AGENT REPORT
(SR 380-320-10)

EH/rac

1. Name of Subject or Title of Incident
FOR OFFICIAL USE ONLY
TAMURA, Toshio

REGRADED ~~CONFIDENTIAL~~
by
authority Co USACRF
date 18 7 '61 865

2. Date Submitted
27 October 1954

3. Control Symbol or File Number
441-207138n (2)

4. Report of Findings

that SUBJECT would agree to engage in espionage for the Soviets after HIS return to Japan. After signing the statement, SUBJECT was instructed as to the methods of contacting the Soviets. The initial approach, SUBJECT was told, would be made by a man who would say "Best regards from the one in Tashkent." In reply, SUBJECT was to say "Thank you for your trouble."

At a later date, SUBJECT was told that this password had been changed. According to the new plan, SUBJECT'S contact would approach HIM with the words, "Best regards from your friend in Kyushu who has borrowed some money from you." SUBJECT was to reply, "There is no need to return it."

SUBJECT stated that the main reason HE signed the agreement to cooperate with the Soviets was that HE wished to be repatriated as soon as possible. HE claimed that HE gave no thoughts as to how HIS signing the agreement might affect his future.

Immediately after HIS repatriation, SUBJECT took up residence at [redacted], Iogi, Suginami-ku, Tokyo-to. In January 1950, HE moved to [redacted], Egota, Nakano-ku, Tokyo-to. In January 1954, HE moved to HIS present address. In regard to HIS employment following repatriation, SUBJECT served as director of the Okura Zaimu Kyokai (大蔵財務協会) (Financial Affairs Association). HE resigned from this position in February 1954. At present, SUBJECT is publishing a magazine called Shinro (進路) and is connected with the Zaisei Kenkyu Kai (財政研究会)(Financial Affairs Research Society). The office of Ikeda, Hayato (池田勇人) is often used as a meeting place for this society.

According to SUBJECT, at approximately 1100 hours on 23 April 1951, two (2) caucasians visited HIM at HIS residence in Nakano-ku. This visit marked the beginning of HIS relationship with the Soviets in Japan. After this initial contact, subsequent meetings were with Yuri Rastvorov (Юрий Растворов); DOB 1921; USSR Citizen; former member of the Soviet Mission who defected to the US in January 1954, although at the time SUBJECT did not know his name.

SUBJECT maintained association with the Soviets from the Spring of 1951 until February 1954. During this time, HE generally met Rastvorov on the third Thursday of each month. From April through September 1951, the meetings were effected on the street in front of the Imperial Theater in Tokyo. From October 1951 until November 1952, the contacts were usually made on a street

DOWNGRADED AT 12 YEAR INTERVALS;
NOT AUTOMATICALLY DECLASSIFIED.
DOD DIR 5200.10

Page 3 of 5 Pages
Copy 5 of 8 Copies

~~CONFIDENTIAL~~ Select

FOR OFFICIAL USE ONLY

5. Typed Name and Organization of Special Agent
EDWARD HURWITZ, Headquarters,
Region IV, 441st CIC Det

6. Signature of Special Agent
/s/ Edward Hurwitz

DA FORM 1 APR 52 341 Replaces WD AGO Form 341, 1 Jun 47, Which may be used.

47-1126-Army-AG Admin Cen-AFFE-300M

DECLASSIFIED
Authority NND007017

文書は田村が日本に帰還した後ソ連のためスパイ活動をすることに同意するというものだった。文書に署名した後、ソ連側との連絡方法についての指示を受けた。最初のアプローチは男が「タシケントの人からよろしく」と声をかけてくるので、それに対して「ご苦労様です」と返事するようにいわれた。

後日、この合言葉は変更されたといわれた。新しいやり方では最初に接触してくる男は「あなたからお金を借りた九州の友人からよろしくといわれた」というから、これに対して「返す必要はありません」と答えるように指示された。

田村は文書に署名した主な理由は一日もはやく日本に帰りたかったからだと述べた。署名したことが自分の将来にどんな影響があるのか考えなかったと主張している。

帰還した後すぐに杉並区井荻□□に住居を構えた。1950年1月、中野区江古田□□に転居。1954年1月に現住所に移った。帰還後、大蔵財務協会理事に就任、1954年2月これを辞した。現在は『進路』という雑誌を発行、財政研究会と関係をもっている。池田勇人の事務所はしばしば同協会の集合場所として使われた。

田村によると、1951年4月23日11時ごろ二人の白人が中野区の自宅を訪問した。この訪問が田村の日本におけるソ連との関係の始まりだった。この最初の接触以後、接触はユーリ・ラストボロフとの間で行われた。同氏は1921年生まれのソ連市民で1954年1月に米国へ亡命したソ連大使館の元館員だった。しかし、田村はその時はその名前を知らなかった。

田村は1951年の春から1954(1953)年2月までソ連との関係を継続した。この期間、大体毎月第3木曜日にラストボロフと会っていた。1951年4月から9月まで接触は東京の帝国劇場前の通りで行われた。

Reproduced from the Unclassified / Declassified Holdings of the National Archives

Secret

AGENT REPORT
(SR 380–320–10)

EH/rac

1. Name of Subject or Title of Incident

TAMURA, Toshio CONFIDENTIAL

FOR OFFICIAL USE ONLY

2. Date Submitted
27 October 1954

3. Control Symbol or File Number
441-207138 (2)

4. Report of Findings

near the Shinanomachi Station in Shinjuku-ku. Occasionally during this period, the meetings took place near the Nikkatsu Theater in Shinjuku. From December 1952 until February 1953, SUBJECT met Rastvorov on a street near the Mitsubishi Naka 4 Building in Chiyoda-ku.

During each meeting, SUBJECT was given instructions concerning information HE was to submit at the following contact. SUBJECT stated that HE received instructions at the former Soviet Mission, 1-banchi, Mamiana-cho, Azabu, Minato-ku, Tokyo-to, on only two (2) occasions. One of these occurred when HE borrowed ¥500,000 from the Mission.

Regarding payment, SUBJECT asserted that from October 1951 until November 1952, HE was given an average of ¥20,000 per month. In July 1951, HE borrowed ¥500,000 from the Mission with the understanding that HE would repay the money within three (3) months. According to SUBJECT, this money was to be used to establish an international institute in the form of a small community near the base of Mount Fuji. This community plan was the idea of Mori, Den (森 伝), now deceased, at one time a director of Waseda University. The plan failed and the money was never repaid to the Mission. In addition to the loan, SUBJECT received a total of approximately ¥260,000 from the Soviets in monthly payments.

The Soviets requested SUBJECT to submit information HE had obtained from HIS many acquaintances in the financial and economic circles concerning their fields. SUBJECT stated that HIS primary source of financial information was the Okura Doyu Kai (大蔵 同 友 会)(Okura Friends Society) whose members were ex-officials of the Ministry of Finance. HE said that in order to impress the Soviets, HE listed the names of well-known government men as sources of information which HE actually obtained from meetings of the Okura Doyu Kai. HE did the same with information which HE had extracted from newspapers. SUBJECT asserted that evidently the Soviets felt HIS reports contained little information of intelligence value; HE believes that this was the reason that the Soviets severed their relations with HIM in February 1953. SUBJECT vehemently denied that HE submitted information which HE had obtained from Ikeda, Mayato or that HE was intimately associated with Ikeda. (B-2)

CONFIDENTIAL

REGRADED ______
by ______
authority CGUSACRF
date 18 7 '61 865

DOWNGRADED AT 12 YEAR INTERVALS;
NOT AUTOMATICALLY DECLASSIFIED.
DOD DIR 5200.10

Page 4 of 5 Pages
Copy 5 of 8 Copies

CONFIDENTIAL Secret

FOR OFFICIAL USE ONLY

5. Typed Name and Organization of Special Agent
EDWARD HURWITZ, Headquarters,
Region IV, 441st CIC Det

6. Signature of Special Agent
R. T. Scheiber
/s/ Edward Hurwitz

DA FORM 1 APR 52 341 Replaces WD AGO Form 341, 1 Jun 47, Which may be used.

47-1126-Army-AG Admin Cen-AFFE-300M

DECLASSIFIED
Authority NND007017

1951年10月から1952年11月まで新宿区の信濃町駅近くの通りで行われた。この期間、時には新宿の日活劇場近くで行われることもあった。1952年12月から1953年2月まで田村は千代田区の三菱仲4ビル近くの通りでラストボロフと会った。

こうした接触のたびに次回会う時に提出する情報についての指示を受けた。田村は旧ソ連大使館で指示を受けたのは2回だけだったと述べている。その一つは大使館から50万円を借りた時だった。

報酬については、1951年10月から1952年11月まで毎月平均2万円払われたと田村は述べている。1951年7月、3か月以内に返済するとの了解のもとで大使館から50万円借用した。田村によると、この金は富士山麓近くに小さなコミュニティー型の国際機関を設立するために使われることになっていた。この計画は一時早稲田大学の理事を務めていたことがある森伝（故人）のアイディアだった。この計画は失敗し、金は大使館に返済されなかった。この借用金のほか、田村は大使館から月々の報酬として合計26万円ほど受け取った。

ソ連側は田村が関係する金融・経済界の多くの交友から得た情報を流すよう求めた。金融関係の主要な情報源は大蔵同友会で、そのメンバーは大蔵省の以前の関係者だった。ソ連側へ好印象を与える目的で情報源として著名な政府関係者の名前をリストアップした。情報は実際に大蔵同友会の会合で取得した。新聞から得た情報についても同様なことをした。ソ連側は田村のレポートには価値ある機密情報がほとんど含まれていないと感じていたようだと田村ははっきり述べている。田村はこれが1953年2月にソ連側が関係を断ち切った理由だと信じている。池田勇人から得た情報を提供していたとか、池田と親しい関係にあったとかは強く否定している。

[redacted]

AGENT REPORT
(SR 380-320-10)

WKH/rac

FOR OFFICIAL USE ONLY

1. Name or Subject or Title of Incident: TAMURA, Toshio

CONFIDENTIAL

2. Date Submitted: 27 October 1954

3. Control Symbol or File Number: 441-207138 (2)

4. Report of Findings

10. On 28 September 1954, the following information was extracted from the files of Headquarters, Region IV, 441st CIC Detachment, APO 500; undated and unevaluated:

Ikeda Hayato (池田勇人); DOB December 1899; Present address [redacted], Shinano-machi, Shinjuku-ku, Tokyo-to; Position Finance Minister in the Yoshida Cabinet; Political Affiliation Liberal Party; is probably identical with Ikeda, Hayato mentioned in the above report.

Kono, Masashi (河野正史); no record.
Tamura, Koichiro (田村浩一郎); no record.
Mizuno, Hideki (水野英樹); no record.
Matsuura, Kiyoshi (松浦喜化志); no record.
Ishiwatari, Nanataro (石渡花太郎); no record.
Kyowa, Kai (共和会)(Concordia Society); no record.
Okura Zaimu Kyokai (大蔵財務協会)(Financial Affairs Assocaition); no record.
Zaisei Kenkyu Kai (財政研究会)(Financial Affairs Research Society); no record.
Mori, Den (森伝); no record.
Okuro Doyu Kai (大蔵同友会)(Okura Friends Society); no record.
Shinro (進路); no record.

CONFIDENTIAL

REGRADED
by
authority CoUSACRF
date 18 7 '61 865

DOWNGRADED AT 12 YEAR INTERVALS;
NOT AUTOMATICALLY DECLASSIFIED.
DOD DIR 5200.10

CONFIDENTIAL

Page 5 of 5 Pages
Copy 5 of 8 Copies

FOR OFFICIAL USE ONLY

5. Typed Name and Organization of Special Agent: EDWARD HURWITZ, Headquarters, Region IV, 441st CIC Det

6. Signature of Special Agent: R. T. Scheiber /s/ Edward Hurwitz

DA FORM 1 APR 52 341 Replaces WD AGO Form 341, 1 Jun 47, Which may be used.

47-1126-Army-AG Admin Cen-AFFE-300M

DECLASSIFIED
Authority NND007017

10．1954年9月28日、441st CIC Detachment, Region Ⅳ APO 500本部から下記情報が得られた。

池田勇人：生年：1899年12月
現住所：東京都新宿区信濃町□
役職：吉田内閣大蔵大臣
所属政党：自由党
河野正史：記録なし
田村浩一郎：記録なし
水野英樹：記録なし
松浦喜代志：記録なし
石渡花太郎：記録なし
共(協)和会：記録なし
大蔵財務協会：記録なし
財政研究会：記録なし
森伝：記録なし
大蔵同友会：記録なし
進路：記録なし

Reproduced from the Unclassified / Declassified Holdings of the National Archives

CHIEF CIC

SECRET

AGENT REPORT
(SR 380–320–10)

MKH/blr 15938

1. Name of Subject or Title of Incident TAMURA, Toshio	2. Date Submitted 4 NOV 1954
CONFIDENTIAL	3. Control Symbol or File Number 441-207138 (2)

FOR OFFICIAL USE ONLY

4. Report of Findings

* * * * * * * * * * * * * * * * * * * *
* SPECIAL HANDLING REQUIRED
* NOT RELEASABLE TO FOREIGN NATIONALS
* EXCEPT NONE. BY AUTHORITY
* OF CO, 441st CIC DET. 12 MAY 1954
* * * * * * * * * * * * * * * * * * * *

CONFIDENTIAL
REGRADED
by
authority CO USACRF
date 18 7 '61 8 65

DOWNGRADED AT 12 YEAR INTERVALS;
NOT AUTOMATICALLY DECLASSIFIED.

1. On 10 October 1954, the following information was received from a confidential source:

On 14 August 1954, SUBJECT, a confessed espionage agent for the former Soviet Mission, 1-banchi, Mamiana-cho, Azabu, Minato-ku, Tokyo-to, was interrogated by members of the Tokyo Metropolitan Police Board (MPB). The following is an unevaluated free translation of SUBJECT'S statement: (B-2)

After MY repatriation to Japan, I lived at a place in Egota.. I believe that it was in the spring of 1951, the year following MY return to Japan, that I was first contacted by the Soviets. At approximately 1100 hours, on the day of the Municipal Elections, two Caucasians visited MY house and asked in Japanese whether Mr. Tamura was in. When I came to the front door, one of the Caucasians said in English that he would like to speak to ME about the elections. I invited the two into the house. After we had spoken in English for a short while, one of the visitors left the room. The other man then said the password which had been given to ME during my internment in Russia and I realized then that they were Russians. Until then, I had thought that the visitors were Americans who were interested in the elections. Although I was taken aback when I heard the password, I gave the proper reply. The visitor then instructed ME to be present in front of the Imperial Theater at 2000 hours on the following Thursday. After giving ME these instructions, the visitors left. I believe that they were in MY house approximately six minutes. The man who questioned ME about the password and gave ME instructions about MY next contact place was a friendly person who was approximately 5' 8" tall with a stocky build. The other man was somewhat shorter and had dark hair. I believe the latter was of a lesser rank than the other person and I thought that he might possibly be the other man's chauffeur.

FOR OFFICIAL USE ONLY

SECRET

Page 1 of 4 Pages
Copy 5 of 8 Copies

CONFIDENTIAL

5102729

5. Typed Name and Organization of Special Agent JEROME HARRIMAN, Headquarters, Region IV, 441st CIC Det	6. Signature of Special Agent R. T. Schreiber /s/ Jerome Harriman

DA FORM 1 APR 52 341 Replaces WD AGO Form 341, 1 Jun 47, Which may be used. 47-1126-Army-AG Admin Cen-AFFE-300M

DECLASSIFIED

11. 1954年10月10日、機密情報源から下記情報を入手。

1954年8月14日、旧ソ連機関へのスパイだったと自白した田村は警視庁の係官からの尋問を受けた。下記は同氏の供述の未精査の翻訳である。

日本に帰還してから江古田というところに住んだ。最初にソ連側から接触されたのはたしか帰還した後の1951年春だったと思う。地方選の投票日の11時ごろ二人の白人がわたしの自宅を訪れ日本語で田村さんはおられますかと尋ねた。私が戸口にでると白人の一人が英語で選挙についてお話ししたいといった。私は二人を中に通した。少しの間英語で話し合った後、白人のうちの一人が部屋をでた。もう一人がロシアに抑留されていた時に与えられた合言葉を発した。それで彼らはロシア人であることが分かった。その時まで相手は選挙に興味をもったアメリカ人だと思っていた。合言葉を聞いた時はびっくりしたが、教えられていた通りの返事をした。次の木曜日20時に帝劇の前に来るように指示された。この指示をした後、二人は帰っていった。当家に滞在していたのは6分間ぐらいだったと思う。合言葉について質問し、次の出会いの指示をしたのは身長5フィート8インチくらいの身体ががっちりした友好的な男だった。もう一人の男は少し小柄で黒い髪だった。この男は位が低くおそらく運転手だったと思う。

Reproduced from the Unclassified / Declassified Holdings of the National Archives

AGENT REPORT
(SR 380–320–10)

MKH/blr

1. Name of/Subject or Title of Incident TAMURA, Toshio	2. Date Submitted 4 NOV 1954
	3. Control Symbol or File Number 441-207138 (2)

CONFIDENTIAL REGRADED FOR OFFICIAL USE ONLY
authority Co USACRF
date 18 7 '61 8 65

CONFIDENTIAL

4. Report of Findings

MY second contact took place on the fourth Thursday in April 1951. I was rather curious as to the outcome of MY contacts with the Soviets, so I went to the Imperial Theater at 2000 hours on the designated date. Here I was met by the Caucasian who had asked ME for the password. He invited ME into a black sedan which was parked in front of the theater. Since it was dark I was not able to get the license number of the vehicle. The driver, I believe, was a Caucasian. They drove ME around for about an hour through various streets with which I was not familiar. When we approached a hill, the Caucasian made ME lie down on the seat. The vehicle entered a compound, and I got out of the vehicle and was led into a room. After serving ME food, they instructed ME to write a report about MY acquaintances. I believe I was in this room for about an hour. Before I left, the Caucasian remarked that he would see ME again in front of the Imperial Theater at 2000 hours on the third Thursday of the coming month. Then the Caucasian drove ME back to a place near Sendagaya Station, and from there I returned home. He did not give ME an assignment for MY next contact.

It was during MY third contact with the Caucasian that I was given MY initial instructions to submit information about Japan's political and economic conditions. Since I was unemployed at that time, I had very little means of obtaining the desired information. I extracted information from newspapers and periodicals and summarized them into a report. MY contacts with the Soviets in front of the Imperial Theater continued until the fall of 1951. These contacts were made on the third Thursday of each month. During that period I did not receive any fixed payment.

I believe it was in July 1951 that Mori, Den (森 伝), then the director of Waseda University, contacted ME through another person and requested ME to raise funds to establish an international institute in the form of a small community at the base of Mount Fuji. I thought of the Soviets and I decided to ask them for money. Thus, on MY fourth contact, I asked the Russian about the possibility of receiving a loan from the Soviet Mission. He told ME he could not give ME a definite answer at the moment, but that he would give ME a reply a week later. He told ME to return to the same place at the same time on the following week. On the following week, in the latter part of July, when I went to the contact place, a vehicle from the mission was waiting for ME. I got in and was

DOWNGRADED AT 12 YEAR INTERVALS; NOT AUTOMATICALLY DECLASSIFIED. DOD DIR 5200.10

Copy 5 of 8 Copies

FOR OFFICIAL USE ONLY

CONFIDENTIAL

5. Typed Name and Organization of Special Agent JEROME HARRIMAN, Headquarters, Region IV, 441st CIC Det	6. Signature of Special Agent /s/ Jerome Harriman

DA FORM 1 APR 52 341 Replaces WD AGO Form 341, 1 Jun 47, Which may be used. 47-1126-Army-AG Admin Cen-AFFE-300M

DECLASSIFIED
Authority NND007017

2回目の接触は1951年4月の第4木曜日に行われた。ソ連側との接触の結果がどうだったか興味があったので指定された日の20時に帝劇へ行った。ここで私に合言葉を尋ねた白人の男に会った。劇場の前にとまっていた黒いセダンに乗せられた。暗くて車のライセンスプレートは見分けられなかった。運転手も白人の男だったと思う。1時間ばかり私の知らない通りを走った後、上り坂に近づくと座席に伏せさせられた。建物に入って車を降り部屋につれていかれた。食事が供された後、私の知人についてのレポートを書くよう指示があった。部屋には1時間ばかり滞在していたと思う。部屋を出る前に翌月の第3木曜日20時にもう一度帝劇の前に来るよう指示された。車で千駄ヶ谷駅近くまで送られそこから帰宅した。次回の接触の際の用件は示されなかった。

日本の政治経済状況についての情報を提供するよう最初に指示されたのは3回目の接触の時だった。当時職についていなかったので要求された情報を入手するすべはほとんどなかった。新聞や雑誌記事を抜粋してレポートにまとめた。帝劇前での接触は毎月第3木曜日に1951年秋まで続いた。この期間定額の報酬を受け取った。

当時早稲田大学の理事だった森伝が他の人を介して私に接触してきて富士山麓に小さなコミュニティーの形の国際機関を設立する資金を調達してほしいと頼まれた。私はソ連を思い浮かべ資金提供を頼んでみようと決めた。4回目の接触時にソ連側にローンを提供してくれるか可能性を打診した。その時ははっきりした返答は得られなかったが、1週間後に返答するとのことだった。翌週同じ時間に同じ場所に来てほしいといわれた。翌週、7月の後半に出会いの場所に行くと大使館からの車が待っていた。

Reproduced from the Unclassified / Declassified Holdings of the National Archives

[redacted]

AGENT REPORT
(SR 380–320–10)

MKH/blr

1. Name of Subject or Title of Incident	2. Date Submitted
TAMURA, Toshio	4 NOV 1954
	3. Control Symbol or File Number
	441-207138 (2)

CONFIDENTIAL

FOR OFFICIAL USE ONLY

DOWNGRADED AT 12 YEAR INTERVALS; NOT AUTOMATICALLY DECLASSIFIED. DOD DIR 5200.10

4. Report of Findings

driven to the Mission. I have forgotten to mention that it was during MY third contact that I realized that the place I had been taken to on the first contact was the Soviet Mission. After I arrived at the Mission, the Soviets gave ME ¥500,000, which was in ¥1,000 notes, in 5 bundles of ¥100,000 each. After receiving the money, I wrote a receipt which stated that I would return the money within three (3) months. At that time, I had intentions of returning the money within the agreed period, but the failure of the proposed enterprise and the death of Mori, Den made it impossible for ME to return the money.

In the fall of 1951, MY contacts with the Soviets were carried out on a street near the Shinanomachi Station just outside Meiji Park. The contact time was still 2000 hours and the same person contacted ME throughout this time. On several occasions the Soviet complained to ME that MY reports contained information of very little intelligence value and that the same information could be obtained from newspapers. He stated that he wanted ME to obtain secret information from various government offices. MY contacts with the Soviets at this place lasted until November 1952.. During this time I received a payment of ¥20,000 per month. I recall that one or two of the contacts were made near a washroom in the Nikkatsu Theater in Shinjuku-ku. From December 1952 until February 1953, when MY contacts with the Soviets ceased, I met MY contact man at a place near the Mitsubishi Naka 4 Building, Chiyoda-ku. During this final period, the Soviet no longer paid ME ¥20,000 per month. He stated that I was not giving him the type of information which he had requested. I believe that this was the reason why MY contacts with the Soviets were terminated.

I have forgotten to mention that in October 1951, Sakaki, Masayoshi (木神彰義), one of MY subordinates when I was Deputy Governor of Pinchiang Province, visited ME and asked ME to loan him ¥300,000. He stated that he needed this amount to start a business. Although I asked the Soviet Mission for this loan, it was refused.

I believe that it was in March 1953 when I went to MY contact place on the third Thursday of the month that I was informed by the Soviet that MY services were no longer needed and that he would no longer contact ME. However, he added that he would contact ME again if he needed ME. I have not been contacted by the Soviets since then and I [illegible] have completely severed relations with ME.

CONFIDENTIAL

REGRADED
by [redacted]
authority Co USACRC
date 18 7 '61 865

FOR OFFICIAL USE ONLY

Page 3 of 4 Pages
Copy 5 of 8 Copies

CONFIDENTIAL

5. Typed Name and Organization of Special Agent	Signature of Special Agent
JEROME HARRIMAN, Headquarters, Region IV, 441st CIC Det	/s/ Jerome Harriman

DA FORM 1 APR 52 341 Replaces WD AGO Form 341, 1 Jun 47, Which may be used. 47-1126-Army-AG Admin Cen-AFFE-300M

DECLASSIFIED

それに乗り込み大使館に行った。申し上げるのを忘れていたが、最初の接触の時に連れていかれたのはソ連大使館だった。大使館につくとソ連側は千円札で50万円、10万円を一束にした札束を5束渡された。現金を受け取った時3か月以内に返済するとして領収書を書いた。その時は3か月以内に返済するつもりだったが計画した事業の頓挫や森氏の死去により返済することが不可能になった。

1951年の秋、ソ連側との接触は明治公園のすぐ外の信濃町駅近くの通りで続けられた。この期間ずっと接触時間は20時、接触相手は同じ人物だった。ソ連側は何度か私のレポートはほとんど諜報価値のない情報が含まれ新聞から得られるものと同じだとの苦情が表明された。いろいろな政府機関からの機密情報を渡してほしいといわれた。この場所での接触は1952年11月まで行われた。この期間、毎月2万円受け取った。一度か二度接触は新宿区の日活劇場の洗面所近くで行われた。1952年12月からソ連側との接触が打ち切られた1953年2月まで千代田区の三菱仲4ビルに近い場所で行われた。この最終時期にソ連側は月額2万円の支払いは行わなかった。接触相手が要求したたぐいの情報を渡していないといわれた。これがソ連側との接触が打ち切られた理由だと信じている。

1951年10月、満州国浜江省の次長だった時の部下の一人だった榊彰《ママ》義がやって来て30万円の借金を頼んできたことを話すのを忘れていた。仕事を始めるのに必要だからといわれた。ソ連側にこのローンを頼んでみたが断られた。

第三木曜日に接触場所で私の役目はもう必要なくなったから今後接触しないとソ連側から告げられたのはたしか1953年3月だったと思う。ただし、必要になったら先方からコンタクトするといわれた。それ以降一度もコンタクトとされたことはなく、私との関係は完全に打ち切られたと考えている。

Reproduced from the Unclassified / Declassified Holdings of the National Archives

AGENT REPORT
(SR 380-320-10)

MKH/blr

1. Name of Subject or Title of Incident

TAMURA, Toshio

FOR OFFICIAL USE ONLY

CONFIDENTIAL

2. Date Submitted 4 NOV 1954

3. Control Symbol or File Number 441-207138 (2)

4. Report of Findings

Although I maintained contact with the same Soviet for approximately two years, he never revealed his name to ME . (TN: At this time, Subject was shown a photo of Rastvorov). I believe that this is the man with whom I maintained contact during this time. However, I cannot give you a description of the other Soviet who came to MY house at the time of the initial contact.

I have never submitted information to the Soviets which I obtained from Mr. Ikeda, the ex-Finance Minister. During the time I maintained contact with the Soviets I was under great mental stress, and on numerous occasions I thought of contacting the police to request protection. I finally decided that the best way to solve MY problem was to submit worthless information and thereby compel the Soviets to sever their relatinns with ME. Because of MY plan, I never gathered information aggressively and had no intentions whatsoever of submitting information that would be detrimental to Japan. I felt that I may as well take the money the Soviets offered ME and I never thought of receiving payment for the information I was giving them (SIC). I was extremely worried at the time the Kaji case was publicized and I wanted to sever relations with the Soviets. However, I believed that if I should sever MY relations with the Soviets they might take retaliatory action against ME. I know that MY past actions may be considered treasonable but, as I have stated repeatedly, I have never submitted any information which would harm this country. If MY actions are judged illegal, then I must resign MYSELF to accept any punishment due ME. I am not in sympathy with the ideology advocated by Soviet Russia and, consequently, MY acts were not ideologically motivated. I signed the statement during MY internment only because I wanted to be repatriated. I had no other motives for doing this. When I review MY past life, I realize that I have made a serious mistake. I have revealed everything about MY past connections with members of the Soviet Mission. If, in the future, you should have any doubts about the statement I have made, I will gladly report to you for additional questioning.

12. On 11 October 1954, the files of Headquarters, Region IV, 441st CIC Det, APO 500, were checked concerning Sakaki, Masayoshi, with negative results.

CONFIDENTIAL

DOWNGRADED AT 12 YEAR INTERVALS;
NOT AUTOMATICALLY DECLASSIFIED.
DOD DIR 5200.10

REGRADED SECRET
by
authority Co USACRF
date 18 7 '61 865

Page 4 of 4 Pages
Copy 5 of 8 Copies

FOR OFFICIAL USE ONLY

CONFIDENTIAL

5. Typed Name and Organization of Special Agent
JEROME HARRIMAN, Headquarters, Region IV, 441st CIC Det

6. Signature of Special Agent
/s/ Jerome Harriman

DA FORM 1 APR 52 341 Replaces WD AGO Form 341, 1 Jun 47, Which may be used.

47-1126-Army-AG Admin Cen-AFFE-300M

DECLASSIFIED

この男とは2年ぐらい連絡を維持していたが、決して名前を明かさなかった。（この時、田村はラストボロフの写真を見せられた）間違いなくこの期間に連絡を保っていたのはこの男だと信じている。しかしながら、最初に自宅にきたもう一人の男については説明できない。

池田勇人元大蔵大臣から得た情報をソ連側に手渡したことは一度もない。ソ連側との接触を保っていた時に精神的に大きなストレスを感じて何度も警察に保護を求めようかと考えた。最後に、この問題を解決する最善の方法は価値のない情報を渡してソ連側に私との関係を絶たせるように仕向けることだと判断した。この計画にそって積極的な情報収集はせず日本に不利になるような情報を流すような意図は全くもたなかった。ソ連側から提供される金は受け取ってもいいが、私が渡した情報に対する報酬を受け取ることは決して考えなかった。当時鹿地亘事件が報じられていて非常に心配し、ソ連との関係を断ちたいと思った。しかし、そうすればソ連側は私に対して報復行動をとるかもしれないと心配した。私の過去の行動は反逆と考えられるかもしれないと承知していたが、繰り返し述べたように我が国に害となるような情報は決して流さなかった。私の行動が違法と判断されれば甘んじて罰を受けるつもりである。ソ連が提唱するイデオロギーには賛同しないので私の行動はイデオロギーによって動機付けされたものではない。抑留中に文書に署名したのはただただ帰りたいという願いからであった。他に動機はなかった。過去を振り返ると重大は誤りを犯したと自覚している。ソ連大使館員との関係についてすべてを明らかにした。今後、この供述に疑問がでてきたら再度の尋問に喜んで応じるつもりである。

12. 榊將義については本部のファイルをチェックしたが、成果は得られなかった。

Reproduced from the Unclassified / Declassified Holdings of the National Archives

AGENT REPORT
(SR 380-320-10)

MKH/rac

1. Name of Subject or Title of Incident

TAMURA, Toshio ~~CONFIDENTIAL~~

FOR OFFICIAL USE ONLY

2. Date Submitted 11 January 1955

3. Control Symbol or File Number
441-207138 (2)

4. Report of Findings

SPECIAL HANDLING REQUIRED
NOT RELEASABLE TO FOREIGN NATIONALS
EXCEPT NONE. BY AUTHORITY
OF CO, 441st CIC DET. 12 MAY 1954

13. On 14 December 1954, CI-IV-665 submitted the following information concerning SUBJECT:

SUBJECT is presently residing at [redacted], Yoyogisanya-cho, Shibuya-ku, Tokyo-to, in a house owned by Ikeda, Hayato (池田勇人); DOB 1899; male; Japanese; 32-banchi, Shinano-machi, Shinjuku-ku, Tokyo-to, former Finance Minister in the Yoshida Cabinet. TAMURA is serving as an advisor to [redacted]), President of the Azuma Kogyo K. K. (東興業)(Azuma Industrial Company, Ltd), [redacted], Bunkyo-ku, Tokyo-to, a firm which processes plastics. SUBJECT's main duty is to introduce Yoshioka to influential bankers and politicians.

In January 1954, TAMURA began publishing two (2) magazines, the Zaiken Tsushin (財研通信)(Financial Research Report) and Shinro (進路) (The Progressive Road). HE publishes these magazines with the aid of Ikeda, Hayato. These publications deal with Japanese economic matters. SUBJECT received most of the articles for the magazines from the Diet Economic Deliberation Board. At present HE also is employed by this board in an unknown capacity.

(Untranslated copies of the Zaiken Tsushin and Shinro are attached to the original only of this report as EXHIBITS I and II. (B-3)

DOWNGRADED AT 12 YEAR INTERVALS;
NOT AUTOMATICALLY DECLASSIFIED.
DOD DIR 5200.10

14. On 15 December 1954, the files of Headquarters, Region IV, 441st CIC Detachment, APO 500, were checked with negative results concerning [redacted]) and Azuma Kogyo Kabushiki Kaisha (東興業株式会社); Azuma Industrial Company, Ltd, 37-banchi, [redacted]

~~CONFIDENTIAL~~

REGRADED ______
by ______
authority Co USACRF
date 18 7 '61 865

FOR OFFICIAL USE ONLY

Page 1 of 1 Page
Copy 1 of 8 Copies

~~CONFIDENTIAL~~

AB/81

5. Typed Name and Organization of Special Agent
ELY KASTENBAUM, Headquarters,
Region IV, 441st CIC Det

6. Signature of Special Agent
R. T. Schreiber
/s/ Ely Kastenbaum

DA FORM 1 APR 52 341 Replaces WD AGO Form 341, 1 Jun 47, Which may be used.

47-1120-Army-AG Admin Cen-AFFE-300M

DECLASSIFIED
Authority NND 927 ...

13. 1954年12月4日、CI-IV-665は当事者に関する下記の情報を提出した。

田村は現在渋谷区山谷町□□の池田勇人の所有する家に住んでいる。池田は1899年生まれで新宿区信濃町□□に住んでおり、吉田内閣の大蔵大臣を務めた。田村は東興業社長□□の相談役を務めている。住所は文京区□□。プラスチック加工会社。
田村の主な役割は吉岡を影響力のある銀行家や政治家に紹介すること。

1954年1月、田村は二つの雑誌『財研通信』と『進路』の発行を始めた。発行にあたって池田から支援を受けた。これらの雑誌は日本経済情勢を取り扱っている。記事のほとんどは国会の経済審議局から受け取った。田村の現在の役割は不詳だが同審議局に雇用されている。

14. 1954年12月15日、□□と東興業株式会社に関する本部のファイルをチェックしたが成功しなかった。

SECRET

AGENT REPORT
(SR 380–320–10)

JAE/lme

1. Name of Subject or Title of Incident	2. Date Submitted
TAMURA, Toshio FOR OFFICIAL USE ONLY CONFIDENTIAL	7 June 1955
	3. Control Symbol or File Number
	SEC-3013 441-207138 (2)

4. Report of Findings

* *
* SPECIAL HANDLING REQUIRED *
* NOT RELEASABLE TO FOREIGN NATIONALS *
* EXCEPT NONE. BY AUTHORITY *
* OF CO, 441st CIC DET. 12 MAY 1954 *
* *

15. On 1 June 1955, IV-661 submitted the following information concerning SUBJECT, a confessed espionage agent for the Soviet Mission, 1-banchi, Mamiana-cho, Azabu, Minato-ku, Tokyo-to:

Source stated that there is no information to indicate that SUBJECT is identical with the "Professor Shimura," who was the contact between the Soviet Mission and Prince Higashi-Kuni's group. Source added that he personally interviewed SUBJECT and covered in detail HIS relationship with the Soviet Mission. There was no indication that HE functioned at any time as a liaison man between the mission and a group of Japanese. Following the official interrogation, all investigation of SUBJECT has been terminated. Because of the lack of an applicable law, no legal action will be taken against SUBJECT. (B-2)

DOWNGRADED AT 12 YEAR INTERVALS;
NOT AUTOMATICALLY DECLASSIFIED.
DOD DIR 5200.10

REGRADED CONFIDENTIAL
by
authority Co USACRF
date 18 7 '61 865

CONFIDENTIAL 403113

FOR OFFICIAL USE ONLY

Page 1 of 1 Page
Copy 1 of 8 Copies

SECRET

Regrading date or event cannot be established at this time.

AB/02

5. Typed Name and Organization of Special Agent	6. Signature of Special Agent
K. STANLEY YAMASHITA, Headquarters, Region IV, 441st CIC Detachment	/s/ K. Stanley Yamashita

DA FORM 1 APR 52 341 Replaces WD AGO Form 341, 1 Jun 47, Which may be used. 410-432-Army-AG Admin Cen-AFFE-400M

DECLASSIFIED
Authority NND007017

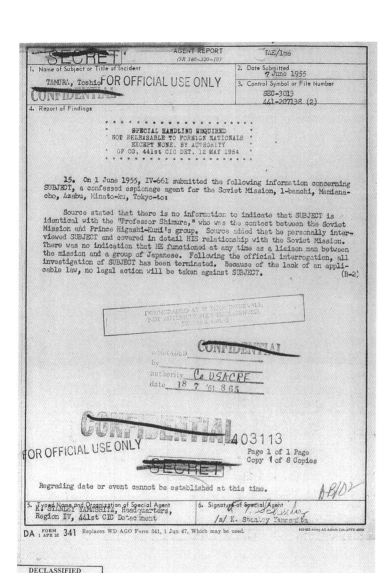

15. 1955年6月1日、IV-661は田村に関する下記の情報を提出した。情報源によると、田村がソ連大使館と東久邇宮との仲介役だった“シムラ教授”と同一であることを示す情報はなかったとされる。更に情報源は田村と個人的に面談し、ソ連大使館との関係を詳しく述べている。いかなる時点でも田村が大使館と日本人グループとの仲介役だったという情報はない。正式尋問の後、当事者田村についての調べは終了した。適用法律がないため当事者に対する法的行為は執られない。

Reproduced from the Unclassified / Declassified Holdings of the National Archives

Chief CIC

SECRET

AGENT REPORT
(SR 380-320-10)

jo'b

1. Name of Subject or Title of Incident TAMURA, Toshio 103400 CONFIDENTIAL 10L	2. Date Submitted 9 AUG 1955 3. Control Symbol or File Number 441-207138 (2)

4. Report of Findings

FOR OFFICIAL USE ONLY

* * * * * * * * * * * * * * * * * * * *
SPECIAL HANDLING REQUIRED
NOT RELEASABLE TO FOREIGN NATIONALS
EXCEPT NONE. BY AUTHORITY
OF CO, 441st CIC DET. 12 MAY 1954
* * * * * * * * * * * * * * * * * * * *

16. On 28 July 1955, IV-665 submitted the following information concerning SUBJECT:

SUBJECT served as an unofficial staff member on the Cabinet Economic Investigation Committee when Ikeda, Hayato (池田勇人) was the Finance Minister of the Yoshida Cabinet. Since the resignation of the Yoshida Cabinet, TAMURA has been serving as a political advisor to Ikeda, who at present is a Diet member. (B-3)

DOWNGRADED AT 12 YEAR INTERVALS;
NOT AUTOMATICALLY DECLASSIFIED.

REGRADED CONFIDENTIAL
by
authority Co USACRF
date 18 7 '61 865

FOR OFFICIAL USE ONLY

CONFIDENTIAL

Page 1 of 1 Page
Copy 1 of 8 Copies

Regrading date or event cannot be established at this time. SECRET

5. Typed Name and Organization of Special Agent GUNJI MORIUCHI, Headquarters, Region IV, 441st CIC Group	6. Signature of Special Agent R. T. Scheiber /s/ Gunji Moriuchi

DA FORM 1 APR 52 341 Replaces WD AGO Form 341, 1 Jun 47, Which may be used.

DECLASSIFIED
Authority NND

16：1955 年 7 月 28 日、IV-661 は田村に関する下記の情報を提出した。

田村は池田勇人が吉田内閣の大蔵大臣だった時、内閣経済調査委員会の非公式なメンバーを務めた。吉田内閣が退陣してから田村は池田（現在は国会議員）の政治顧問を務めた。

（終）

資　料

田村敏雄に関する CIC 文書

＊原資料（左頁）と訳を掲載しています。
　また、個人情報に関わる部分は掲載していません。

◉著者略歴
小林 英夫（こばやし ひでお）
1943年、東京都生まれ。1966年、東京都立大学法経学部卒。1971年、同大学大学院社会科学研究科博士課程単位取得退学。駒澤大学経済学部教授などを経て、早稲田大学名誉教授。専攻は日本近現代経済史、アジア経済論。
著書に、『満鉄調査部』（講談社）、『満鉄 —「知の集団」の誕生と死』（吉川弘文館）、『戦後アジアと日本企業』（岩波書店）、『満州と自民党』（新潮社）、『満鉄が生んだ日本型経済システム』（教育評論社）、など多数。

田村敏雄伝

2018年2月15日　初版第1刷発行

著　者　小林英夫
発行者　阿部黄瀬
発行所　株式会社　教育評論社
〒103-0001
東京都中央区日本橋小伝馬町1-5 PMO 日本橋江戸通
Tel. 03-3664-5851
Fax. 03-3664-5816
http://www.kyohyo.co.jp
印刷製本　萩原印刷株式会社

定価はカバーに表示してあります。
落丁本・乱丁本はお取り替え致します。
本書の無断複写（コピー）・転載は、著作権上での例外を除き、禁じられています。

©Hideo Kobayashi 2018 Printed in Japan
ISBN 978-4-86624-012-1